● 마님, 캠핑이 뭐가 그렇게 좋아요? ●

띵굴마님은 캠핑이 좋아

이혜선 지음

띵굴마님은 뭐가 그렇게 좋을까?

띵굴마님은 캠핑이 좋아

[CONTENTS]

1 PROLOGUE 띵굴마님! 혹시 이사하세요? 아니 아니요! 캠핑 왔어요!

2 DDINGUL'S LETTER 띵굴마님! 캠핑을 왜 하나요?
모르세요? 힐링 캠프잖아요!

18 **FIRE** 캠핑은 사느라 식어버린 열정이 다시 타오를 수 있게 해줘요
20 **PLAY** 캠핑은 신발 벗고 놀게 하죠. 보세요, 저희 부부 정말 놀고 있죠? 히히!
22 **COOK** 캠핑은 원 없이 먹게 하죠. 실컷 먹고 다시 힘내게 해요!
24 **NIGHT** 캠핑은 깨어 있게 하죠. 즐거워서 잠들 수 없게 만들어요
26 **NATURE** 캠핑은 잊고 살았던 자연을 다시 보고, 느끼게 해요
30 **EPISODE 1** 거실에 텐트를 쳤다! 집에서 캠핑하려고… 왜? 나는 원래 좀 요상하니까!

3 CAMPING TOOLS 띵굴마님! 캠핑 장비는 어떤 걸 챙겨 가나요?
집이랑, 가재도구랑, 이부자리랑… 전부 다요!

38 **ALL THAT CAMPING GOODS** 띵굴마님식 감성 캠핑을 위한 전투(?) 장비들
SPEEDY INTERVIEW 1 띵굴마님, 캠핑 장비 쇼핑은 어떻게 하나요?
42 **LIVING GOODS FOR CAMPING** 채우고, 담고, 묶고 정리하는 데 필요한 것들
밝히고, 덥히고, 치우는 데 공적 쌓는 고마운 것들
SPEEDY INTERVIEW 2 띵굴마님, 랜턴의 종류가 왜 이렇게 많은 거죠?
44 **TABLE GOODS FOR CAMPING** 띵굴마님식 캠핑의 꽃, 지지고, 볶고, 조리하는 도구
준비한 음식, 레스토랑처럼 폼 나게 담아내는 용기
50 **EPISODE 2** 역사적 사명을 띠고 목하 뜨개질 중이시다. 왜? 캠핑 때 가져가려고!

4 BEFORE CAMPING 띵굴마님! 그 많은 짐들, 어떻게 싸는 거예요?
집채만 한 짐도 잘만 꾸리면 한주먹거리예요!

58 **START_ AT HOME / DONE_ CAMPING SITE** 집에서 일단 펼쳐 놓았을 때는 막막하더니만…
착착착 정리하면 그래도 숨통이 좀 트인답니다
61 띵굴마님, 서부지청 캠핑과에서 나온 김 형사입니다. 가방 검사가 필요하니 협조해 주시기 바랍니다!
62 띵굴마님, 전부 그 가방 안에 들어 있었던 거예요? 헉! 도대체 이게 다 어디에 쓰는 장비들이에요?
SPEEDY INTERVIEW 3 띵굴마님, 이 많은 그릇들 설거지는 어떻게 해요?
66 띵굴마님! 겨우 하룻밤 잘 건데 냉장고를 다 털어 오셨나요? 네? 이거 말고도 더 있다고요? 켁!
70 **EPISODE 3** 시작은 미약하나 그 나중은 창대하리라! 지난 5년 나의 캠핑 변천사

5 COOK & PLAY 띵굴마님! 캠핑 가면 뭐 해먹고 놀아요?
1인분에 10만원짜리 호텔 바비큐 코스요!

82　**COOK & EAT DATA** 야외 주방 놀이를 위한 몇가지 노하우

83　**ROLL & PLAY DATA** 아이처럼 놀면 더 재밌는 캠핑 놀이

84　**SUPER BARBECUE** 캠핑 요리의 진수, 역시 바비큐 동무는 캠핑당의 꽃이야~요!
　　모둠고기채소구이 / 비어캔치킨 / 닭날개구이 & 데리야끼소스 / 봄나물겉절이 / 장아찌 & 쌈장

88　**LIQUOR & SIDE DISH** 바비큐 요리에 빠질 수 없죠! 낭만 음주 타임을 위한 별미들
　　소시지채소꼬치구이 / 쇠고기토마토스튜 / 닭백숙

94　**GOOD MORNING** 둥근 해가 떴습니다. 일어나세요, 아침 먹어야죠!
　　모닝커피 & 빵 / 웨지감자구이 & 달걀프라이 / 스팸김치찌개 / 어묵탕 / 냉이된장찌개 / 나가사끼짬뽕 / 누룽지탕

　　<u>SPEEDY INTERVIEW 4</u> 띵굴마님, 마님 레시피는 왜 정확한 계량이 없나요?

106　**EASY & SPEEDY COOK 1** 한 가지 기본 재료로 3가지 요리를 척척! 술안주로도 맞춤이죠
　　크래미샐러드 / 크래미샐러드김밥 / 크래미샐러드카나페 / 크래미샐러드미니샌드위치

110　**EASY & SPEEDY COOK 2** 비빔국수, 냉우동, 특제 피자까지! 없는 게 없네, 에헤라디야~
　　골빔면 / 냉우동 / 고르곤졸라또띠야피자

6 FINAL CAMPING 띵굴마님! 특히 기억에 남는 캠핑 있어요?
바람 귀신에 홀렸던 '제주도 푸른 밤'이요!

128　**BEFORE JEJU ISLAND** 배에다 차를 싣고 떠나볼까? 그냥 비행기 탈까? 고민이 많았지요
　　<u>SPEEDY INTERVIEW 5</u> 띵굴마님, 제주도 캠핑 갈 때 장비는 어떻게 해요?

130　**MEMORIES OF WINDY SEA** 아! 바다가 지척에 있었죠. 눈물이 날 뻔했어요. 좋아서? 글쎄요

132　**LAND & FOREST** 캠핑의 진수는 역시 힐링! '사려니숲길'에서 쉬다 왔죠
　　<u>SPEEDY INTERVIEW 6</u> 띵굴마님, '사려니숲길'은 어때요? 갈 만한가요?

134　**MARKET & SEA FOOD** 장 보는 재미, 장 본 재료 삶아 먹는 즐거움까지 만땅!

138　<u>EPISODE 4</u> 내 캠핑에 감성을 더해 준 고수 캠퍼, 쏘리 킴을 만나러 〈cafe cavin〉으로 가다

142　**EPILOGUE** 띵굴마님! 마님의 캠핑은 계속되나요? 그럼요! 인생이란 캠핑과 같은 걸요, 뭐!

1
[PROLOGUE]

띵굴마님! 혹시 이사하세요?
아니 아니요! 캠핑 왔어요!

사실남 : 2박 3일 동안 짐 쌌어요. 아! 진짜 힘들었다니까요(시시콜콜).
에프북 왕언니 : 정말 그 정도예요? 옆에 있는 사람은 정말 괴로울 텐데(끄덕끄덕).
사실남 : 이 사람은 뭐든 '적당히'가 안 되니까요. 고생을 사서 하는 사람이에요(칭얼칭얼).
에프북 왕언니 : 병이죠, 병! 사실남이 정말 고생이 많으시네요(토닥토닥).

캠핑 촬영을 위해 숲 속까지 날아온 기획자들과 포토그래퍼의 얼굴을 마주 대하기가 무섭게 남편이 긴 한숨 같은 인사를 날렸습니다. '사실남'이라는 별명에 꼭 들어맞게 정말 사실적으로 이야기하는데요. 마치 엄마에게 고자질하는 아이처럼 말이에요. 상추랑, 깻잎이랑, 루콜라랑… 자기가 씻어주겠다 팔 걷어붙이더니만 영 힘들었는가 봅니다.

"마님은 이러는 게 좋아요?"
"뭐가요? 뭐가 좋은데요?"
"하룻밤 캠프 때문에 이 많은 짐들을 다 쌌다 풀었다 하는 거요."
"네! 좋아요."
"안 귀찮아요?"
"당연히 안 귀찮죠. 신 나기만 하구먼요."
"하이고! 병이 깊네. 나 같으면 절대 안 한다. 이 많은 짐들이 지가 알아서 가방 속으로 들어갔다 나왔다 하기 전에는 절대로 캠핑은 안 간다, 나는. 아이고, 귀!찮!아! 생각만 해도 귀찮아!"

기획팀인 〈에프북〉의 최고령자(?)께서 혀를 내두르며 저에게 못 말린다고 그러데요. 텐트가 저 혼자 펼쳐졌다, 접혀졌다 그러기 전까지는 캠핑은 못한다나 뭐라나 하면서요. 저도 하이고! 그랬습니다. 못 갑니다, 그런 사람들은. 세상 모든 즐거운 일들에는 다 그만한 대가가 치러지게 마련인 걸요. 거저 오는 게 어디 있나요? 공짜는 없는 법이라는데요. 안 그래요?

네. 저는 캠핑이 좋습니다. 결혼 후 얼마 지나지 않아 시작한 작은 소풍이 그 출발이었으니 캠핑 역사가 나름 10년 가까이 되어 갑니다. 좋으니 이러겠지요. 그럭저럭, 그냥저냥 그러면 이렇게 열심일 리가 없겠지요.

게다가 점점 더 좋아집니다. 캠핑도 자꾸 즐기다 보니 점점 진화되고, 자연과도 자꾸 말을 트다 보니 점점 가까워집니다. 제가 캠핑장에 딱 도착하면 나무들이 벌써 알고 팔 벌려서 난분분 난분분 흩날리며 인사를 건네고, 날벌레들이 떼로 달려들며 반색을 하는 걸요. 그러니 어째요. 계속하는 수밖에요. 하여튼 고것들도 사람 보는 눈은 있어 가지고! 호호호!

C A M P
C A M P
CAMPING

저에게 캠핑이란 '감성 충전' 같은 것입니다. 살림이란 언제나 이성적으로, 그러니까 공대생 같은 기분으로 해야 쓸데없는 낭비를 줄일 수 있다고 누군가는 말합니다만… 저는 살림에도 나만의 감성이 필요하다고 여기니까요. 생각해 보세요. 세상 모든 일에는 전문가가 있잖아요. 살림이라고 다를까요? 눈 뜨면 살림을 시작해서 눈 감기 직전까지 오직 살림만 하는 우리가 바로 전문가 아니겠어요? 전문가라면 전문가답게 내 색깔을 가득 담아서 살림을 해야 진가가 발휘되는 거죠. 그러니까 늘 감성 돋게, 나다운 살림을 하고 싶어지는 거예요.

하지만 그렇게 날마다 살림만 하는 여자들에겐 '숨구멍'이 필요합니다. 코딱지만 한 집 안에만 나를 가두고 살다 보면 가슴이 터질 것 같잖아요. 한도 끝도 없고, 해도해도 표 나지 않는 살림이란 때로 아득하고 막막한 복병처럼 느껴지니까요.

기름칠 된 집안에서 태어나 '사모님' 소리 들으면서 사는 어떤 분들이야 누굴 좀 시켜도 되고, 나가서 좋은 거 마음껏 사먹어도 되고, 돈 쓰는 재미 느끼며 한껏 사들이면 그만이겠지만, 개미 군단처럼 살고 있는 우리 보통 여자들이야 그게 되나요?

살림에 찌든 내 가슴에 숨구멍이 필요할 때 캠핑보다 더 좋은 약은 없는 것 같습니다. 그래서 이 책을 만들자, 그랬습니다. 캠핑을 통해 제가 느꼈던 숱한 기쁨과 행복들을 이 책의 독자인, 그리고 저의 이웃인 당신도 함께 느꼈으면 해서요. 그래서 때때로 탁해지는 마음 안에 맑은 공기가 채워질 수 있었으면 해서요. 부족한 제가 그런 징검다리 역할을 할 수 있을지는 잘 모르겠지만… 어쨌든 이 글을 쓰고 있는 저의 진심은 그렇습니다.

멀쩡한 집 놔두고 흙바닥에 누워 자는 거,

그 많은 짐들 쌌다 풀었다 하는 거,

냄새 작렬 푸세식 변소에서 코 막고 일 보는 거,

벌레들 붕붕 날아와서 습격하는 거,

덥고 춥고 바람 불고 가끔 소나기까지…

그런데도, 그럼에도 불구하고 말이죠.

땅굴마님은 캠핑을 꼭 가야겠어요?

네!

**책을 내고, 내고, 자꾸 내고 그래서 죄송합니다
그런데요… 캠핑은 진짜진짜 좋거든요
그래서 저는 뻔뻔하게도 이 책을 포기할 수 없었지요**

두 번째 책을 준비하다가 방향을 급전환했습니다. 두껍고 교과서 같은 책은 『살림이 좋아』 한 권으로 충분하다는 생각이 들었어요. 이를테면 콘텐츠의 소분이라고나 할까요? 음식 소분하기 좋아하는 제가 결국은 책도 소분하게 된 셈이네요. 내가 정말 잘할 수 있는 일들을 품목별로 소분해서 조금 얇고 착한 가격으로 만들자, 했던 거지요.

오랜 생각 끝에 결정한 두 가지 아이템이 바로 얼마 전에 출간된 『땡굴마님은 살림살이가 좋아』 그리고 바로 요 녀석, 『땡굴마님은 캠핑이 좋아』입니다. 두 가지 모두 요즘 제가 푹 빠져 있는 아이들이죠. 살림살이 좋아하시는 분들은 살림살이 책과 놀고, 캠핑 좋아하시는 분들은 캠핑 책을 데려가실 수 있게… 그렇게요. 그런데 자꾸 책을 내다 보니 죄송한 생각이 드네요. 별스럽지도 않은 살림 하나 가지고 내고, 또 내고 그래서 송구합니다. 자꾸 지갑 여시게 하는 것 같아서 말입니다. 애고… 꾸벅!

그런데요. 저는 캠핑이 정말 좋거든요. 차암 재미나거든요. 그러니까 그냥 저에게 속았다 치고, 캠핑 한번 시작해 보시는 건 어때요? 나무늘보와 친구 먹고 사는 게으른 성미만 아니라면 얼마든지 할 수 있으니까요. 애쓰며 사는 나와 내 가족이 안쓰럽게 느껴지거나, 한없이 지루한 일상을 탈피하기에는 캠핑보다 더 좋은 약이 없답니다. 기본 장비 몇 가지만 갖추면 그 이후로는 큰돈 들 일도 거의 없고, 생활에 찌든 몸과 영혼의 먼지들도 툴툴 털어낼 수 있고, 공부하느라 그늘지는 아이들의 머릿속도 일광욕 좀 시켜주고… 그럴 수 있으니 이보다 더 좋은 게 있을까요?

무엇보다 자연에다 풀어놓으면 다 똑같습니다. 잘난 가족과 못난 가족, 부잣집과 안 부잣집, 애 있는 집과 애 없는 집, 부부 금실 좋은 집과 부부 금실이 꽝인 집… 우리 모두가 마치 아담과 이브처럼 그렇게 순하고, 편안한 첫 마음으로 돌아가게 만들어주는 힘이 있다니까요.

이 책은 '이래도 캠핑 안 가실래요?' 하면서 당신을 꼬드기는(?) 것이 목적입니다. 물론 시중에 나와 있는 본격적인 캠핑 가이드북에 비하면 '방대한 정보량'에서 조금 모자란 구석이 있는 아이일 수도 있겠습니다. 하지만 저는 캠핑 박사가 아니니까요. 그저 캠핑에 빠져 있는 아줌마니까 뭐… 제 스타일대로 만들었습니다. 제가 경험하고, 깨달은 실속형 체험들만 추려서 담은 것이지요.

제가 가져가는 물건들, 제가 해먹는 음식들, 제가 가 보고 좋아하게 된 장소들 그리고 이사라도 하듯 유난을 떠는 저만의 준비 사항까지 스케치해 두었습니다. 아! 캠핑 가서 뭘 하고 노는지, 그런 수다도 잊지 않았습니다. 그러니 괜히 엉덩이가 근질근질한 날, 이 책 펼쳐들고 읽으시다 보면 기어이 훌쩍, 떠나시게 될 수도 있을 것 같습니다. 아니, 그렇게 되셨으면 하고 바라는 마음입니다.

늘 고맙습니다. 살림밖에 할 줄 모르는 저를 응원해 주시는 모든 분들에게 꼭 제 마음을 전하고 싶었습니다. 앞으로 더 열심히 살림하겠습니다. 김연아 선수처럼, 마치 국제대회 준비하는 국가 대표처럼 말이죠. 기쁘고 행복하게 나를 다 불살라가면서 살 수 있는 것은 여러분들이 잘한다고 칭찬해 주시는 덕분입니다.

기회가 되면 꼭 한번 밥을 해드리고 싶은데… 우리, 캠핑장에서 만날까요? 그럼 땡굴 밥맛 한번 제대로 보여드릴 텐데 말이죠. 하하하!

가을 들어 캠핑 병이 또 도진
땡굴? 땡꼴? 아니아니! 땡굴마님 이혜선 씀

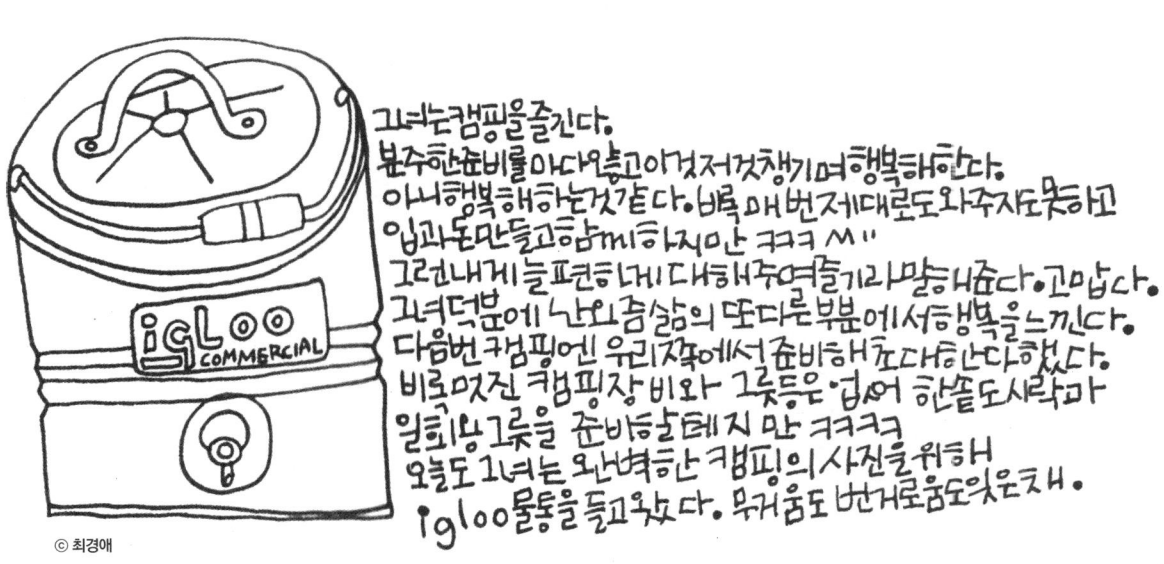

그녀는 캠핑을 즐긴다.
분주한 준비를 마다않고 이것저것 챙기며 행복해한다.
아니 행복해하는 것 같다. 비록 매번 제대로 와주지도 못하고
일과 돈만 들고 움 함께하지만 ㅋㅋㅋ ㅆㅂ
그런 내게 늘 푸근등내 대해주 여흥기라 말습니듐다. 고맙다.
그녀덕분에 난 또 그 삶의 또 다른 부분에서 행복을 느낀다.
다음번 캠핑엔 우리 집쪽에서 준비해 놓다 한다 했다.
비록 멋진 캠핑장비와 그릇등은 없어 한솥도시락과
일회용 그릇을 준비 할 테지만 ㅋㅋㅋㅋ
오늘도 그녀는 완벽한 캠핑의 사진을 위해
igloo 물통을 들고 왔다. 무거움도 번거로움도 잊은 채.

이천십이년 사월 이십칠일 구선생 잠 생각

띵굴마님! 캠핑을 왜 하나요?
모르세요? 힐링 캠프잖아요!

2 [DDINGUL'S LETTER]

캠핑 터 잡으려고 꼭두새벽부터 출동해야 한다면서요?

그렇게 쌩하니 달려가도 벌써 진을 친 사람들이 많다면서요?

인간으로 떠났다가 꿀돼지 되어 돌아오기 십상이라면서요?

밤새 잠 안 자고 놀아서 다크서클이 무릎까지 내려온다면서요?

가끔 산짐승 출몰하시고… 그러기도 한다면서요?

그런데도, 그렇게 짜증나는데도 불구하고 말이죠.

띵굴마님은 캠핑이 그렇게 신 나세요?

얼쑤~

다들 기억하시죠? 갓 대학에 입학해서 만난 첫 MT 말이에요. 공식 외박이라는 설렘도 있고, 아직 새파랗게 덜 익은 남녀가 콩팥콩팥 어우러져 떠나는 만화 같은 현실도 좋았잖아요. 다람쥐, 다람쥐 하면서 뛰어다니거나 코펠과 버너 펼쳐 놓고 꽁치김치찌개 같은 걸 끓이는 재미도 꿀맛이었지요. 슬그머니 밤이 들면 캠프파이어를 빌미로 모여앉아서 못 먹는 술도 홀랑홀랑 받아마시고 그랬죠. 알딸딸한 세계를 경험하면서 기타 반주에 맞춰 노래가 쏟아질 무렵이면 요기조기에서 핑크빛 무드가 솔솔 피어오르기도 했었다지요. 아! 참 좋았다, 그때! 그죠?

캠핑이 그렇습니다. 딱 그때의 설렘 속으로 다시 데려다 놓는 거예요. 그때의 그 모든 여우 짓(?)들을 전부 다 할 수 있어요. 먹고 놀고 쉬고 느끼고… 그 맛난 모든 것들을 말입니다. 복닥거리는 작은 집을 벗어나 자연에 내 몸을 풀어놓으면 사는 거 뭐 있나, 그냥 이렇게 하루하루 도란도란 살다 가는 거지… 하면서 도인 같은 마음이 되기도 하니 이 또한 좋습니다.

나는 지금 캠핑장에 와 있다, 하면서 가만히 눈을 감고 상상해 보실래요? 별도 바람도 좋은 어느 날. 참새와 개미도 잠을 자는 야심한 시각에 집을 나서서 온 가족이 달려달려 캠핑장으로 가는 거예요. 그늘이 좋은 자리를 선점해서 텐트를 치고는 숲 속에서 모닝커피 한 잔을 마십니다. 미리 준비해 간 샌드위치 같은 걸로 요기도 하면서요.

숲에 풀어놓으면 하루 종일 칭얼대던 아이들도 독립심이 강해진답니다. 혼자서도 잘 노는 거죠. 이건 아이 있는 집 엄마들의 캠핑 경험담이에요. 그러고는 모처럼 남편과 도란도란 점심 식사를 준비합니다. 국수 삶아 비벼 먹어도 좋고, 감자를 쪄 먹어도 좋고, 닭 한 마리 잡아가서 백숙으로 끓여도 제맛입니다. 자연에 풀어놓으면 모든 게 다 꿀맛이라 가족들의 밥투정이 씻은 듯이 사라지죠.

한낮의 햇볕을 피해 그늘 아래 숨어서 책을 읽거나, 핸드폰에 담아간 영화를 보거나, 음악을 들으며 뜨개질을 하거나, 아니면 낮잠 한숨도 좋습니다. 그렇게 느릿느릿 저녁이 들면 그때부터 본격적으로 불을 피우고, 고기를 굽고, 보글보글 찌개 끓이며 와인 혹은 맥주를 홀짝입니다. 남편이랑요. 하나 무드 없는 남편도 그 밤엔 썩 괜찮아진다는 게 캠퍼들의 증언이죠.

백설기 가루마냥 포슬포슬 떨어지는 별빛들을 온몸으로 받으면서 나른하게 취해 가는 데야 대화인들 깊어지지 않을까요? 그렇게 늦도록, 새벽이 오도록… 온 가족이 자연 속에서 버무려진 채 다정다감해지는 거지요. 어때요? 이래도 혹하지 않으세요? 이래도 안 떠나고 배길 수 있으시겠어요?

FIRE [캠핑은 사느라 식어버린 열정이 다시 타오를 수 있게 해줘요]

저는 명랑하게 살고 싶은 사람이에요. 그래서 막 웃어요. 큰소리로. 기차 화통을 삶아먹은 사람처럼요. 아무 때나 그렇게 웃어서 통을 먹을 때도 있지만 괜찮아요. 우는 것도 아닌데 뭐 어때서요. 왜 자꾸 웃는가 하면요. 살림을 하다 보면 더러, 아니 자주, 물 먹은 솜처럼 무거워질 때가 있으니까요. 당신도 그렇지 않나요? 가끔 참 막막하고, 한없이 초라해진 내가 가엾고, 왠지 길이 보이지 않는 것 같고… 그렇지 않던가요?

지쳐서 그래요. 사느라 지쳐서. 세상 남자들은 돈 버는 일은 중하게 여기면서 살림하는 건 화장실 들락거리는 정도로 여기기도 하지만요. 한번 해보라죠. 어디 그렇게 만만한지. 날마다 보송보송하게 쓸고 닦는 일, 알뜰살뜰하게 구입한 시시한 재료들로 끼니마다 먹을거리 준비하는 일, 바쁜 남편 뒤치다꺼리하고, 집안 대소사 다 챙기고, 사람이든 물건이든 어디 고장 난 곳은 없는지 일일이 살피는 일 같은 것들. 개미집으로 식량 퍼 나르듯 하루 종일 티 나지 않는 일들을 해야 하잖아요.

게다가 아이 키우는 일이란… 사실 저는 잘 모릅니다. 마음으로는 이해하지만 몸은 깨닫지 못하는 일이죠. 아이를 낳아야 비로소 어른이 되는 거라는데… 그렇다면 저는 아직, 어른은 아닌가 싶어요. 아이를 키우면서도 얼마든지 반짝거리게 살림하는 엄마들 보면 부럽고, 놀랍고 그런 걸요. 네, 진심으로 말이죠.

가끔, 사느라 잃어버린 내 이름이 생각날 때 있잖아요. 꿈이 참 많았는데, 그 시절의 열정은 그 옛날 엿장수 할아버지의 가위 소리 따라서 다 사라져버렸잖아요. 나를 들여다볼 시간도, 인생의 여유를 즐길 시간도, 한 남자 만나면서 품었던 뜨거운 사랑을 돌이킬 시간도, 어떤 여자로 늙어갈 것인지를 생각할 시간도… 그런 쉼표 한 번 없이 살고 있으니까요.

사설이 길었습니다만, 그렇게 무뎌진 마음을 다시 회복시켜주는 데는 캠핑이 최고라서요. 어쩌면 그런 회복은 자연이 해주는 일 같습니다. 자연 속에 내 손으로 접이식 집 한 채 펼쳐놓고, 그 안에서 소꿉놀이하듯 그러다 보면 마음에서 뜨거운 게 올라오죠. 좋다, 내 식구들과 이렇게 오물오물 먹고 놀고 뒹굴뒹굴 그러니까 좋다, 하면서요. 차게 식고 잔뜩 독이 올라 있던 마음이 따뜻하고 착하게 변하는 거예요.

캠핑은 다시 살아볼 에너지를 얻게 해줍니다. 장작불 타오르듯 그렇게 내 마음을 덥혀주는가 봐요. 그래서 영 불만투성이었던 남편에게도 살가워지고, 말 안 듣는 아이들도 예뻐 보인다고… 누군가 그러더군요. 아마도 그래서 캠핑을 하겠죠. 주렁주렁 살림에 어린아이들까지 등짐 지듯 하고서 그렇게들 떠나는 이유는 그래서겠죠. 그러니까 한번쯤 떠나보는 건 어떠세요? 네?

PLAY
[캠핑은 신발 벗고 놀게 하죠. 보세요, 저희 부부 정말 놀고 있죠? 히히!]

부부란 같이 노는 사람들 같아요. 그게 진짜라고 생각해요. 우리 어릴 때, 말이에요. 단짝 친구가 생기면 잠자는 시간도 아까웠잖아요. 나가서 그 아이랑 놀 생각에 밥도 대충 먹었죠. 그러니까 부부도 딱 그렇게 되어야 진짜 짝지가 되는 건데…. 돈 버느라, 살림하느라, 자꾸 내 발끝만 내려다보니까 놀고 싶은 마음이 차츰 사라져버리게 되는 거예요. 흰머리 소복한 노부부가 손잡고 걷는 모습을 보면 그렇게 좋을 수가 없잖아요. 평생을 같이 놀면서 살아야 이다음에 손잡고 늙어갈 수 있을 텐데… 안 그래요? 놀 시간이 통 없는 데다, 함께 노는 방법도 잘 모르는 게 딱 우리 세대 부부들의 모습 같습니다. 부부만 그런 게 아니라, 아이들도 조금만 자라면 함께 놀자는 말 같은 건 입 밖에조차 낼 수 없게 되죠. 그러다 보면 한 걸음씩 마음이 멀어지는 거예요. 속상하게도 말이지요. 캠핑 가면 놀 수 있어요. 한번 그렇게 노는 맛을 들이면 점점 더 재밌게 놀 수 있게 되지요. 저희 부부는 캠핑 가서 잘 놀아요. 둘이 놀다가, 혼자 놀다가 하면서 하루 종일 노는 거예요. 놀기 좋아하는 날라리에 철부지 연인 같은 부부가 되는 건 시간문제라니까요. 그러니까 한번쯤, 우선 딱 한 번이다 생각하고 떠나보는 건 어떠세요? 네?

COOK [캠핑은 원 없이 먹게 하죠. 실컷 먹고 다시 힘내게 해요!]

산에서 끓여 먹는 라면 맛, 아시죠? 바닷가에 앉아서 마시는 자판기 커피가 호텔 커피보다 더 명품이라는 것도 아시죠? 그럴 수 있는 건 자연이 양념을 쳐주기 때문이에요. 그럴 때 보면 자연은 발칙한 MSG처럼 강력하다니까요. 별것도 아닌 음식들을 입에 착 감기게 만들어주니까요. 자연이 재주를 부려서 순진한 우리들의 입맛을 홀려 놓는 거예요.

캠핑이 좋은 또 한 가지 이유도 바로 여기에 있습니다. 먹는 재미가 삼삼하거든요. 삼겹살 두어 근에 신 김치 몇 포기 들고 가서는 장작불로 어르고 달래주면 특급 호텔 바비큐 파티가 부럽지 않게 되죠. 생닭 한두 마리 가져가서 들통에 넣고 부글부글 끓이기만 하면 백숙에 닭죽까지 뚝딱입니다. 그뿐일까요? 라면 몇 봉지 챙겨서 파 송송 달걀 탁 곁들이면… 아하! 세상 부럽지 않습니다. 피자에 치킨만 찾던 아이들에게 장작불에서 구워낸 감자, 고구마 같은 것 하나씩 쥐여주면 흥부네 집 아이들처럼 잘 먹는다고 해요. 4인 가족이 소갈비 한 끼 먹을 돈이면 캠핑을 즐길 수 있으니 그야말로 뿌듯해지는 거죠.

먹고 노는 캠핑에 이력이 붙은 저희 부부는 군식구들 불러 모으기가 취미입니다. 둘보다는 넷이, 넷보다는 여섯이 노는 게 더 즐겁거든요. 그래서 좋은 사람들에게 소곤소곤, 같이 가자고 유혹하죠. 대신, 원 없이 먹게 해주겠다고 약속합니다. 그 말에 혹해서 따라나선 지인들은 딱 2kg쯤 뽀얗게 살이 올라서는 벨트 풀고 돌아가는 일이 다반사입니다.

물 한 그릇도 자기 손으로 안 떠먹던 남편이 자진해서 조리사가 된다는 것도 여자들에게는 해방의 기쁨 같은 걸 안겨줍니다. 다른 집 남자들이 죄다 팔 걷어붙이고 요리를 하는 데야 내 집 남자라고 모른 척할 수 있겠어요? 옆 텐트, 뒤 텐트 눈치가 보여서 시키지 않아도 스스로 하는 착한 남편으로 돌변하게 되는 거죠.

한 달에 한 번, 아니 두 달에 한 번쯤? 가족들과 별미 외식을 즐긴다는 마음으로 떠나기에 제격인 것도 바로 캠프 같습니다. 식당 밥이야 아무리 맛나도 그 맛으로만 기억되지만 캠프는 다르죠. 맛과 추억이 함께 남을 테니까요. 기억 속에, 몸속에 그 어느 날의 캠핑 풍경과 달달하게 맛있었던 음식의 추억들이 소복하게 쌓이는 거예요. 몸으로 익힌 기억은 평생 간다는데… 몸과 맛으로 함께 익힌 추억이야 두말할 나위가 없겠지요.

사실 저는 워낙 별스럽게 구는 여자라 캠핑 준비가 아주 번잡한 편이에요. 비닐봉지에 담아가도 될 고기를 굳이 끼니별로 소분해서 그림 되게 담느라고 생고생을 하죠. 그런데 사실은 굳이 그렇게까지 하실 필요는 없어요. 집에 있는 음식 재료들 편하게 가져가도 법에 저촉될 일은 전혀 없거든요. 그러니까 부담 없이 편안하게, 집 앞 공원에 나가듯이 가도 좋겠어요.

그러니까요. 그러니까 아무리 귀찮아도 꼭 한번 떠나보는 건 어떠세요?

NIGHT

남편이랑 연애할 때요, 밤이 참 좋았잖아요. 네? 아니라고요? 에이! 선수들끼리 그러는 거 아니죠. 똑같은 커피도 밤에 마시면 더 맛이 좋지 않았던가요? 밤이 깃든 찻집 창가에 앉아서 미래에 대한 이야기를 홀짝홀짝 나눠 마시면서 행복했던… 그 숱한 밤들을 모른 척하시겠다는 거예요?

그런데 살다 보니 밤의 낭만 같은 것은 씻은 듯이 사라져버렸다지요. 밤이란 그저, 내가 좋아하는 드라마를 만나는 시간이거나, 아침에 먹을 국을 미리 끓여두는 시간이거나, 술 취해 돌아온 남편의 뒤치다꺼리를 하는 시간이거나, 아이들 숙제를 살피면서 '풀채사(풀고 채점하고 사인하는)'라는 시간이 되었을 뿐이죠. 책을 좀 읽을 수도 있고, 음악을 들으면서 바느질을 하도 좋겠지만… 그게 또 밤에는 잘 안 되더라, 이거죠. 나이는 눈꺼풀로 먹는지, 눈이 자꾸 감기는 통에 그 졸음을 이기지 못하는 거예요.

그런데 캠핑장에서는 다시 그 찬란했던 밤을 만날 수 있게 됩니다. 캠핑에서 빠뜨릴 수 없는 매혹적인 역사는 밤에 이루어지거든요. 붉은 옷으로 갈아입었는가 싶었던 하늘이 올 블랙의 매력 덩어리로 변하게 되면 갓난아가의 눈망울처럼 초롱초롱한 별들이 쏟아지기 시작하지요. 아! 물론 흐려서 별 그림자조차 구경할 수 없는 날도 있어요. 하지만 그런 날은 또 그런 날대로의 이상한 운치가 더해지는 걸요.

별은 빛나지요, 저마다의 텐트 앞에는 저마다의 호롱불들이 내걸리지요, 여기저기서 타닥타닥 모닥불은 피어오르지요… 그 밤에 무얼 할까요? 남편과 나란히 앉아 할 수 있는 일이라고는 와인 잔 기울이면서 도란도란 인생 이야기를 하는 것, 오직 그것뿐이에요. 아이들과도 모처럼 공부 말고 다른 대화를 나눌 수 있게 되겠죠. 네 꿈은 뭔지, 어떤 사람이 되고 싶은지… 그런 것들을 물을 수 있는 여유가 생기는 거지요. 꽉 막혔던 대화의 물꼬가 터지면서 사랑하는 사람의 속마음을 하나하나 풀어낼 수 있다는 게 참 좋은 거예요.

남편과 저도 인생의 중요한 문제들은 캠핑 대화를 통해 건진 것 같습니다. 캠핑의 밤이란 그만큼 진심을 터놓을 수 있는 기회가 되는 거죠. 어쩌면 우리는 그래서 더 캠핑 마니아가 되었는지도 모르겠습니다. 캠핑의 밤, 그 말캉한 분위기 속에서 주고받는 서로의 진심이 참말 좋아서요. 그러니까요. 캠핑 같은 건 안 간다, 그렇게 못 박지 마시고 그저 한번 떠나보면 어떨까요?

[캠핑은 깨어 있게 하죠. 즐거워서 잠들 수 없게 만들어요]

NATURE [캠핑은 잊고 살았던 자연을 다시 보고, 느끼게 해요]

이다음에 조금 더 나이가 들면 시골 가서 살자, 그랬습니다. 우리 부부는 그렇게 손가락 걸고 약속했어요. 태생이 '촌놈(?)'인 남편과 태생은 서울인데 유년기를 시골에서 보낸 '하프 촌년(?)'인 저는 밭매고, 산자락 오르내리면서 하늘인 듯 땅인 듯 그렇게 살고 싶은 꿈을 꾸는 거예요.

제 블로그 이웃 분들은 모두 다 아시겠지만 저의 주말농장, 그러니까 대여받은 땅에 일군 저희 텃밭이 그런 꿈을 더욱 불사르게 해주었습니다. 나쁜 약 먹이지 않고, 자연과 내가 합심해서 키운 채소 아이들이 무럭무럭 자라나는 걸 보면 그렇게 뿌듯할 수가 없거든요. 정말 살맛이 나거든요.

어느 날 우리에게 자식이 생기면 또 그렇게 키우자, 손가락 걸기도 했습니다. 사람의 힘으로는 다 줄 수 없는 것들을 자연과 함께 키우면 더 줄 수 있으니까요. 모르기는 해도 아이가 생기면, 걸음마를 시작할 기미라도 보일라 치면, 우리는 바로 캠핑에 합류시킬 것 같아요. 책보다 더 귀하고 값진 것들을 줄 수 있는 자연이라는 걸 잘 알아서 그렇습니다. 흙에서 뒹굴고, 꽃을 보고, 나무를 만지고, 새소리를 기뻐할 줄 아는 아이로 키우자는 목표를 세웠다고나 할까요? 그런 꿈이 너무 컸는지… 아직 저희에게는 아이가 없지만요.

도시에서 살다 보면 자연과 등지는 게 당연한 일처럼 되고 맙니다. 그게 싫어서 굳이 짝퉁 시골로 이사한 저희는 그래도 조금 숨통이 트이지만 말입니다. 공원에나 나가야 감질나게 즐길 수 있는 그 자연을 통째로 꿀꺽 삼킬 수 있는 기회가 바로 캠핑이기도 합니다. 맑은 공기도 꿀꺽, 졸졸 흐르는 물도 꿀꺽, 아스라한 바람 소리도 꿀꺽, 달큰한 꽃냄새도 꿀꺽… 내 마음대로 다 가질 수 있거든요.

수돗물로는 씻을 수 없던 인생의 오염들도 자연으로는 말끔하게 씻을 수 있더군요. 그래서 마음 안의 먼지들이 싹싹 털어지는 것만 같은 기분이 들더군요. 주말의 짧은 캠핑 덕분에 한두 달쯤은 너끈히, 도시의 팍팍한 삶을 씩씩하게 견딜 수 있게 되는 거예요. 어른인 우리도 이렇게 좋은데 먹성 좋은 아이들은 또 얼마나 좋을까요? 그 아이들에게 자연은 또 얼마나 맛좋은 별미 같을까요? 그러니 캠핑의 기쁨을 알게 하는 것이야말로 아이들에게 귀한 자연을 마음껏 누리게 하는 기회가 되는 거겠지요.

그러니까요. 자연의 에너지를 듬뿍 받고 돌아올 수 있는 꿀맛 같은 캠핑, 한번 떠나보는 건 어떠세요? 네에?

C A M P
C A M P
CAMPING by 땅굴마님

[EPISODE 1]

2011. 07. 19 PM 17 : 00 | INDOOR CAMPING
거실에 텐트를 쳤다! 집에서 캠핑하려고… 왜? 나는 원래 좀 요상하니까!

"여보! 우리 오늘 캠핑할까?"
"으늘? 갑자기? 리얼리?"
"응! 롸잇 나우!"
우리 부부의 느닷없는 인도어 캠핑은 어느 토요일 늦은 오후, 이렇게 시작됐다. 아마도 남편은 가까운 캠핑장으로 떠나자는 뜻으로 알아차렸던 모양이다. 지척에 캠핑장이 있다고 해도 장을 봐야 하고, 짐도 꾸려야 할 텐데… 싶어 그는 영 머릿속이 복잡해 보였으니까. 하지만 캠핑을 꼭 밖에서만 하란 법이 어디 있나. 텐트 치고, 고기 구우면 내 발 밑이 다 캠핑장인 거지! 그러니까 그날은 우리 집 거실이 바로 캠핑장이 된 것이다. 왜 그런 번거로운 짓을 하느냐고 물으신다면 땅굴마님이란 여자는 원래 번거로운 걸 즐기는 까닭이라고 대답하시게 되겠다.

부창부수라더니! 거실 한가운데 원터치 텐트를 쫘악 펼쳤을 때 남편의 눈빛이 '반짝' 하고 빛났다. 그러더니 잽싸게 움직이기 시작했다. 거실 정중앙을 사이트로 정한 후 그는 마치 계획했던 것처럼 순서대로 장비들을 펼쳤고, 역시 땅굴마님 남편답게 맘에 쏙 드는 동선으로 레이아웃을 마쳤다. 음음! 마음에 들어. 딱 좋아! 에헤라디야~.

인도어 캠핑은 자그마한 마당이 있는 주택이라면 흔히 시도할 수 있는 캠핑 방법 중 하나다. 필요한 것들을 쉽게 조달할 수 있으면서 캠핑 모드를 얼마든지 연출할 수 있으니까 말이다. 무엇보다 캠핑 감성이 드는 순간, 바로 실행할 수 있는 것이 가장 큰 장점이다. 하지만 주택이 아닌들 어떠하리, 마당이 없는들 어떠하리. 아파트 거실은 의외로 쓸 만한 사이트다. 특히 초보 캠퍼로 이제 하나하나 장비를 장만하고 있는 경우라면 실전에 앞서 인도어 캠핑에 도전해 보자. 거실 문을 활짝 열어 바람 맞을 준비를 하고, 랜턴에 불 밝히고 찬란했던 해님이 집으로 귀가하실 밤 시간만 기다리면 완벽하다.

준비 사항

1 텐트, 테이블, 간이 의자가 제자리를 찾고 나니 거실 분위기가 확 달라진다. 인도어 캠핑의 핵심은 미니멀! 모든 장비를 다 꺼내려다 보면 일이 복잡해지고 제풀에 지치니까 각자 형편에 맞게 장비를 세팅한다. 텐트는 4인용 이하가 적절. 의외로 실내에 텐트를 치면 텐트집의 사이즈가 한결 넉넉하게 느껴진다. 마치 대궐같이!

2 인도어든 아웃도어든 캠핑의 꽃은 고기구이. 얼른 상가로 뛰어나가 고기와 상추, 취향에 맞는 음료를 준비한 다음, 대형 쿨러인 냉장고 속을 뒤져 자투리 채소를 구이 재료로 투입. 물론 우리는 숯불을 피우는 대신 간이 버너에 프라이팬을 준비했다.

3 아웃도어 캠핑 때 옆 사이트 가족이 준비해 온 대형 스크린을 못내 부러워했던 적이 있었다. 큼지막한 스크린을 걸어 놓고 영화 상영 중인 그 모습이 어찌나 낭만적이던지. 하지만 인도어 캠핑에선 TV가 있으니 문제없다. 제대로 된 모드를 위해 영화 한 편만 준비하면 끝. 조금 불편해도 소파 대신 캠핑 의자에 앉아야 제맛이다.

4 여행 스케치의 '별이 진다네'풍 BGM은 은근 매혹적인 야외 분위기를 자아낸다. 그게 아니라면 "푸른 언덕에 배낭을 메고~ 아싸라비아 콜롬비아~" 조용필 아저씨 노래 같은 것? 그런데 왜 이 노래를 떠올리니까 관광버스 춤 같은 게 생각나지?

5 야외에서 화장실 갈 걱정에 맥주를 자제했다면 인도어 캠핑에서는 맥주를 맘껏 즐길 수 있다. 열 발자국 거리에 화장실이 있으니까. 음하하하! 작은 캔 맥주 각 6캔씩 12캔은 기본!

1 오늘의 캠핑 모드를 한껏 살려줄 화이트 와인 준비 완료.
2 방울토마토모시조개찜. 조리도 간단하고, 술안주로 깔끔하다. 올리브오일, 소금, 후춧가루, 화이트 와인으로 간을 한다.
3 땅굴마님표 트레이드 푸드 닭날개구이와 체리.
4, 5 분위기 화사해지는 레드 컬러 도트 무늬 테이블보 위에 삼겹살 구이를 한 상 차렸다. 집에서 사용하는 그릇 대신 캠핑 그릇으로 분위기를 살리는 건 필수.

해가 지니 랜턴 불빛 아래, 은근히 무드가 난다. 괜찮다. 아이 있는 집에선 스페셜 코스가 따로 없고, 아이 없는 집에선 부부 둘이서 모처럼 신혼여행 기분이 난다. 이래서 사람은 머리를 써야 하는 건가 보다, 라고 생각했다. 지극히 사실적인 남자, 나의 남편도 매우 좋아했다. 무늬만 사실남인가 보다. 알고 보면 무드남? 뭐! 이런들 어떠하리, 저런들 어떠하리. 인도어 캠핑 하나로 스트레스 싹 다 풀었으면 그만이지.

뒷담화! 하나
끝

3
[CAMPING TOOLS]

띵굴마님! 캠핑 장비는 어떤 걸 챙겨 가나요?
집이랑, 가재도구랑, 이부자리랑… 전부 다요!

어머, 어머, 어머! 이것들을 전부 다 가져온 거예요?

딸랑 하루 묵을 거면서 수납 가구까지요?

의자에, 밥상에, 가재도구까지 전부 다 챙겨서요?

이 많은 게 정말 승용차에 다 실렸다는 거예요?

마님, 정말 왜 그러세요? 병원 가보셔야 되는 거 아니에요?

얘들이 다 범상치 않게 보이는데… 야금야금 사들인 거죠?

띵굴마님, 그럼 대체 이게 다 얼마예요?

히히!

캠핑을 시작한 지 꽤 오랩니다. 일회용 도시락에 주먹밥 싸들고 다니기 시작해서 이내 캠핑으로 이어진 게 엊그제 같은데 어느새 10년 가까운 역사를 쓸 정도가 되었네요. 모든 일이 그렇듯 해보니 재미나서, 해보니 새로운 활력소가 되어주어서 한 발짝씩 다가서게 되었던 것 같습니다.

캠핑을 시작하고 나면 캠핑 장비에 마음을 빼앗기게 되는 건 당연지사죠. 살림살이 사들이는 아내에게 눈총 주던 남편들도 캠핑 맛을 들이고 나면 금세 지름신과 우정을 나누게 되던 걸요. 저희 캠핑에 초대된 지인들은 하나같이 땡굴식 캠핑 살림에 혀를 내두르지만, 사실 제가 뭐 그렇게 대단한 과대 지출을 일삼은 것은 아니랍니다. 진정한 프로 캠퍼들을 만나면 오히려 제가 군침을 흘리게 되니까요.

캠핑 장비들, 정말 탐나는 녀석들이 많거든요. 보석은 안 부러워도 살림살이 탐은 유독 많은 제가 그냥 넘어갈 리 없잖아요? 탐나는 도구와 마주칠 때마다 '어디서 샀어요?' 하고 캐물어서는 살 수 있는 건 사고, 접을 수밖에 없는 건 접고… 그렇게 여기까지 왔다니까요.

저는 캠핑용 도구라고 해서 캠핑 전용으로만 사용하지는 않습니다. 부엌에서 쓰다가 캠핑할 때 가져오고, 덮고 자다가 캠핑할 때 가져오고, 뒤집어쓰고 놀다가 캠핑장에 가져오고, 그렇게 하죠. 캠핑장에서는 형광등 대신이 되는 호롱불, 집 안에서는 멋진 인테리어 소품으로 활용하니까 일석이조예요. 게다가 캠핑 도구라는 게 무조건 고가의 물건들만 있는 건 아니니까, 돈 없는 사람은 캠핑도 못 하겠네! 그러면서 야단치시지는 마세요. 네?

또 하나, 굳이 별스럽게 구는 저를 따라 하실 필요도 없답니다. 게다가 저 역시 처음에는 원터치 텐트에 코펠과 버너 달랑 챙겨 들고 캠핑을 즐겼으니 굳이 장비 탓을 할 이유는 없는 거죠. 즐기다 보면, 기회가 생기면 자연스럽게 하나 둘 쌓여가는 게 캠핑 도구라는 걸 먼저 아셨으면 좋겠어요. 캠핑 한번 즐겨볼까, 하면서 덜컥 풀 세트로 도구부터 갖추는 건 오히려 재미없는 일이거든요. 집 안의 살림들이 그렇듯, 소파에서부터 장롱까지 세트로 구입하고 나면 감각적이기는커녕 꼭 모델하우스 같잖아요. 분위기에 맞춰서 구입한 서로 다른 물건들이 짝을 이루어가는 게 묘미죠. 캠핑 장비도 다르지 않은 것 같아요.

쓰는 냄비에 쓰는 밥솥, 휴대용 가스레인지, 아이스박스 대신 스티로폼 박스 같은 것으로 대체해도 충분하지만 그래도 캠핑 장비들이 궁금하신 분들을 위해 제가 사용하는 아이들을 꺼내 놓습니다. 어디에서 얼마에 구입했는지도 메모해 두었습니다. 충분히 참고하시고, 혹시 제가 쓰는 것보다 좋은 아이들을 찾으시거든 살짝 귀띔도 해주시면 좋겠어요. 자, 그럼 이제부터 땡굴마님식 장비 하나씩 점검해 볼까요?

ALL THAT CAMPING GOODS
[띵굴마님식 감성 캠핑을 위한 전투(?) 장비들]

1 MSR 할러3 설치가 쉽고, 중량 대비 내부 공간이 넓은 편. 무엇보다 잘 빠진 라인 덕분에 우리 부부 야외 침실로 낙점. 디자인과 컬러는 내게 시작이자 끝이니까! 49만원 선.

2 힐레베르그 타프(10ul) MSR 할러3 그린 컬러 텐트와 썩 잘 어울리는 레드 컬러 타프. 살림살이 많은 우리에게 텐트와 타프는 가벼운 것이 최우선. 사실은 컬러에 넘어갔다는 후문도…. 25만~30만원 선.

3 어네이티브 라운지 로 테이블 & 라운지체어 자연 친화적인 디자인으로 모두 아름다운 색감의 물푸레나무 소재로 만들었다. 어네이티브 제품은 캠핑장에서 '장비'로 쓸 수 있고, 집에선 '가구'로 쓸 수 있어 일석이조. 라운지 로 테이블 20만9천원, 라운지체어 개당 20만9천원.

4 어네이티브 리넨 캠핑 매트 피부가 닿는 면은 코튼 소재, 바닥 면은 방수력이 높은 소재를 사용해 실용적이다. 무엇보다 스트라이프 패턴은 감성 캠핑을 위한 필수 아이템으로 사각 모서리의 천연 소가죽 장식은 작은 것에 열광하는 내게 너무나 중요한 부분이다. 9만2천원.

5 콜맨 54쿼터 스틸 벨티드 쿨러 소분과 밑 재료 준비가 무엇보다 소중한 내게 큼직한 하드 쿨러는 완소를 넘어 집착(?) 아이템. 손님을 초대했을 때는 음료를 보관할 플라스틱 소재나 접이식 소프트 쿨러도 등장한다. 18만~20만원 선.

6 메시 드라이어(식기 건조망) 식기 건조는 물론 보관할 때도 유용하다. 디자인과 크기, 브랜드는 취향에 따라 선택. 나뭇가지나 지지대에 메시 드라이어를 걸어두면 캠핑 분위기가 제대로 난다. 디자인과 브랜드에 따라 1만원대부터 천차만별.

7 키친 싱크(설거지 백) 수세미, 세제와 함께 늘 나뭇가지에 대롱대롱 매달려 있는 설거지 백. 첫 캠핑부터 우리 부부와 함께하고 있는 장비 중 하나다. 디자인과 브랜드에 따라 3천원부터 천차만별.

8 웨버 바비큐 그릴 장작이나 차콜 등을 피울 수 있는 도구. 부속품을 이용하여 직화 구이 등에도 사용한다. 삼겹살 기름이 제대로 튀어 직화 구이는 프라이팬을 선호하는 편이고, 대신 닭날개구이나 비어캔치킨, 쇠고기 스테이크를 요리할 때나 한겨울 운치 있는 모닥불 놀이를 할 때 사용한다. 작은 사이즈(스모키 조이 골드) 8만원 선.

9 어네이티브 사이드 미니 테이블 지금은 사이트 한켠 주방에서 보조 가열대로 활약 중이지만 사이드 테이블로도 자주 등장하는 아이템. 아로마 향과 양초를 올리면 썩 잘 어울린다. 18만3천원 선.

10 콜맨 파워 하우스 LP 투 버너 주인 제대로 만나 캠핑할 때 가장 분주하고, 쉴 틈 없이 움직이는 장비 중 하나다. 끓이고, 볶고, 지지고, 또 끓이고…. 휴대용 버너 사용하다 가열대 장만하고, 나만 신 났다. 13만~17만원 선.

11 메모렉스 퓨어 플레이 스피커 접이식 디자인으로 휴대가 간편한 아이폰 전용 스피커. 무엇보다 전기 없이 건전지로 구동된다. 캠핑 분위기를 돋우는 풍악 담당 일등 공신. 단, 아이폰5 이상은 지원이 안 된다. 5만~7만원대.

SPEEDY INTERVIEW 1
띵굴마님, 캠핑 장비 쇼핑은 어떻게 하나요?

처음 캠핑 장비를 구입하던 2009년에는 온라인 쇼핑몰이 아직 활성화되지 않아 남대문 시장의 오프라인 매장을 이용했어요. 설치가 쉬워서 덜컥 구입했지만 밑면적이 넓어서 차량 이동이 쉽지 않았던 원터치 와우 텐트(4~5인용), 무거워서 이고 지고 가야 했던 타프, 스토브 대용 휴대용 가스버너, 접이식 테이블, 캠핑 체어, 코펠까지 나름 풀 세팅을 마쳤던 기억이 새록새록 나네요. 그때 들었던 견적은 대략 1백20만원 정도였어요. 하지만 이제 바야흐로 캠퍼들의 세상이 된 2013년, 온갖 온라인 쇼핑몰에는 가격 비교가 용이하고, 무엇보다 제 마음을 흔드는 브랜드들이 대거 등장했다는 것이 기쁨이자, 고민거리죠.

저희 캠핑 장비 도드를 한마디로 정의하면 미니멀! 우선 원하는 스타일과 스케일을 정하고 나니 선택의 폭이 많이 줄었어요. 캠핑장에 집 짓고 거실, 침실, 주방, 욕실까지 꾸미는 건 부부 단둘이 갖기에는 너무 과하니 주방 살림을 제하면 의외로 우리 장비는 단출한 편이에요.

디자인과 간지를 최우선으로 삼는 습성이 문제라면 문제이지만 이것이 오히려 장비 선택할 때 도움이 되더군요. 텐트, 타프, 버너 등 기본 품목을 제외하고, 대부분의 주방 장비는 집에서도 사용하는 것들을 활용하되 비주얼을 최우선으로 하는 것! 간단하죠?

대부분 원하는 스타일에 따라 온라인 쇼핑몰에서 가격 비교해서 구입합니다. 가끔 해외 구매 대행 사이트도 기웃거려요. 국내보다 20~30% 저렴하게 구입할 수 있는데, 해외 구매 대행이 아직 손에 익지 않은 편이라 국내 사이트를 눈 빠지게 뒤져서 가격과 디자인에 부합되는 온라인 쇼핑을 한답니다.

LIVING GOODS FOR CAMPING [채우고, 담고, 묶고, 정리하는 데 필요한 것들]

3단 와이드 우드 쉘프 캠핑 수납의 필수품. 식기나 음식 보관 찬장의 다른 이름 쉘프. 구조 프레임에 개폐구가 있는 천으로 둘러싸인 제품이 일반적이지만 내가 선택한 것은 개방형 접이식 우드 쉘프. 4만5천원, 포도캠핑 cafe.naver.com/podocamping

특대형 수납 가방 원래 용도는 천 소재 소프트 쿨러. 하드 쿨러를 장만한 후 우리 부부는 캠핑 장비 수납 가방으로 활용한다. 쿠션감이 좋아 수납 가방으로 제격이다. 2개의 가방은 각각 텐트와 타프, 랜턴 등의 캠핑 도구 일체와 식기류 등 주방용품 일체를 한 번에 수납하는 데 활용. 1만6천원, 포도캠핑 cafe.naver.com/podocamping

4단 우드 포터블 쉘프 폭이 좁고, 원하는 단수에 맞춰 조립이 가능한 우드 포터블 쉘프. 케이스가 있고 접이식이라 이동이 편하다. 4단을 통째로 조립해 사용하거나 3단, 1단으로 나눠 각각 찬장, 쿨러 받침대로 활용하기도 한다. 성능 대비 타 제품에 비해 2배는 저렴한 착한 가격. 5만원, 포도캠핑 cafe.naver.com/podocamping

접이식 의자 겸 공구함 주로 가열대 앞에 두고 사용하는 아이템으로 물티슈, 조리 장갑 등 눈에 거슬리는 자잘한 주방 살림을 쏙 감출 수 있다는 점이 맘에 든다. 원래 원예용품이지만 내 손에 들어온 후로는 완소 캠핑 장비로 변신했다. 8천원, BFA 가든센터 www.bfagarden.com

데이지 체인 쉽게 말해 다용도 걸이다. 시각적인 감성 캠핑을 극대화하기 위해 꼭 필요한 제품으로 내가 선택한 컬러는 레드. 총 15개의 고리가 있어 컵, 열쇠, 앞치마, 옷 등을 수납할 수 있는 리빙 소품. 2만2천원, 어네이티브 www.a-native.com

> **SPEEDY INTERVIEW 2**
> **땅굴마님, 랜턴의 종류가 왜 이렇게 많은 거죠?**
>
> 사실 저도 고수 캠퍼는 아니어서 전문가적 지식은 부족한 편이에요. 하지만 경험에서 우러나온 이야기는 전해 드릴 수 있겠네요. 상식적인 수준이지만 그래도 초보 캠퍼들에게는 소중한 정보 아니겠어요? 고수들 따라 하다 보면… 아시죠? 어떻게 되는지?
> 브랜드별, 용도별, 디자인별… 랜턴의 종류는 수없이 많아요. 그런데 요 녀석들을 구입할 때 디자인을 보고 접근하면 가계부에 흠집이 생기니까 그냥 용도만 보고 접근하세요. 만약 내일 처음으로 캠핑을 떠난다? 그렇다면 사이트 전체 조명용, 테이블용, 그리고 텐트용까지 최소 3개는 있어야 해요. 손전등이나 헤드 랜턴이 있으면 여러모로 유용하지만, 저도 없어요. 필수는 아니라는 말씀이죠.
> 사이트 전체 조명용은 화이트 가솔린 랜턴(안정적인 광량), LP 가스 랜턴(편리한 사용)을 추천합니다. 참고로 저는 〈콜맨 투 맨틀 가스 랜턴〉을 선택했어요. 테이블용은 너무 밝으면 벌레가 모이니까 텐트에서 사용하는 건전지 랜턴이나 소형 LP 가스 모델이 적당해요. 텐트용은 안전상 무조건 건전지 랜턴! 형광등이나 LED 타입 두 가지가 있는데, 저희는 가장 보편적인 브랜드와 디자인의 〈콜맨 CPX6 LED 싱글 튜브 랜턴〉을 선택했어요.

[밝히고, 덥히고, 치우는 데 공적 쌓는 고마운 것들]

덕다운 블랭킷 커버 일체용 오리털 블랭킷. 잠자는 시간 빼고 야외에서 보내는 시간이 많은 캠핑. 날씨가 쌀쌀해지기 시작하면 보온 용품은 필수다. 이때 망토, 스커트, 무릎 담요 등으로 활약하는 블랭킷이 매우 유용하다. 보온력 뛰어나고, 가볍고, 접으면 A3 사이즈로 휴대가 편하다. 커버, 본체 일체형. 개당 4만9천원, 세컨드그라운드 www.secondground.co.kr

티 라이트 홀더 조명 역할은 미비하나 무드 조성용으로는 안성맞춤인 티 라이트 홀더. 아로마 향과 함께 타는 양초 불꽃은 감성 자극 100%. 2만원, 하우스라벨 www.houselabel.co.kr

콜맨 투 맨틀 가스 랜턴 연료통이 붙어 있는 일체형 랜턴으로 화이트 가솔린을 사용해 불을 밝힌다. 주로 스탠드에 걸어두고 사이트 전체를 밝히는 메인 조명으로 사용한다. 깊은 밤, 쉭쉭, 아날로그 감성을 자극하는 소리가 상당히 운치 있다. 20만원대, 각종 온라인 쇼핑몰 및 구매 대행 사이트

콜맨 CPX6 LED 싱글 튜브 랜턴 가장 보편적으로 사용하는 테이블 랜턴. 건전지를 넣어 사용하므로 텐트에서도 안전하다. 하지만 나는 텐트, 테이블은 물론 화장실 갈 때 등 다목적으로 사용한다. 2만~3만원대, 각종 온라인 쇼핑몰

콜맨 루미에르 랜턴 필수품은 아니지만 캠핑 횟수가 늘어나고 감성이 깊어질수록 자꾸 탐이 나는 아이템. 자연에 어울리는 불빛으로 바람에도 안전한 양초 하나 장만했다 생각하면 좋다. 연료통 뜨개 옷은 띵굴마님 작품. 5만원대, Z종 온라인 쇼핑몰 및 구매 대행 사이트.

빗자루 & 더스트 팬 쓸고 닦고 정리하는 버릇이 밖에 나가서라고 달라질까. 터프한 캠퍼들은 텐트 안 매트와 이불을 탈탈 털어 사용하지만 깔끔쟁이인 나로서는 쓸고 닦고 또 쓸고 닦고…. 아~ 역시 살림은 언제 어디서나 좋아! 핸드메이드 더스트 팬 9천5백원, 티파우더 www.teapowder.com

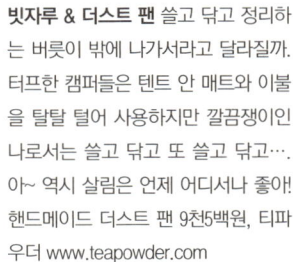

유단포 침낭 안에서 사용할 경우 약 6~8시간 보온이 유지되는 자연 친환경 보온 기구. 뜨개 옷 입혀 새 단장한 후 기온이 떨어지기만 기다리는 중이다. 열전도율이 높은 아연 재질로 50℃ 이상의 물을 부어 사용하는데, 금세 뜨거워지니 주의할 것. 2만원대, 각종 온라인 쇼핑몰

세라믹 원적외선 그릴 팬 주로 '먹핑'을 떠나는 우리 부부에게 풀 사이드 뷔페 못지않은 세팅은 중요한 일 중 하나. 1인용 스테이크, 연어, 닭 가슴살 등을 구울 때 활용. 그릇째 서빙까지! 다 먹을 때까지 온기를 유지하기에 야외에서 더없이 필요한 조리 도구다. 1만8천5백원, 미스달스튜디오 www.missdal.com

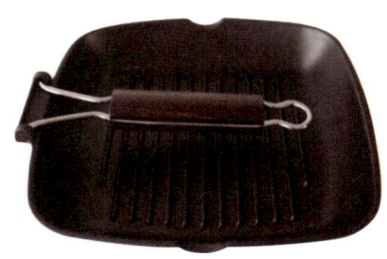

논스틱 스테이크 그릴 팬 스테이크나 생선, 삼겹살 구이 등에 널리 사용하는 띵굴마님의 완소 장비. 아침 식사용 베이컨이나 감자 구이에 없어서는 안 될 아이템이다. 클래식 테프론 처리 논스틱 방식으로 눌어붙지 않아 모양 살려 요리 완성할 때 굿. 집에서는 물론 캠핑할 때 앞뒤 따지지 않고 가방 안에 쏙! 3만5천원, 미스달스튜디오 www.missdal.com

스테인리스 오일 포트 본래의 용도는 오일 포트이지만 필요에 따라 자유자재로 변형하는 것이 띵굴마님식 장비 사용 철칙이니까! 집에서 쓰는 핸드 드립 서버는 유리 재질이라 야외에서는 살짝 위험하므로 스테인리스 오일 포트를 대신 사용. 마침 플라스틱 재질의 드리퍼가 이 안에 쏙 들어간다. 2만6천원, 오일클로스 www.oilcloth.co.kr

스테인리스 샤브샤브 냄비 무거운 무쇠 냄비 대용 2~3인용 스테인리스 재질의 속 깊은 냄비 되시겠다. 어묵탕, 우동, 라면 등 탕 종류 어디에나 유용하다. 무엇보다 캠핑장에 잘 어울리는 디자인을 착한 가격에 득템. 2만1천4백원, 다이소몰 www.daisomall.co.kr

TABLE GOODS FOR CAMPING [띵굴마님식 캠핑의 꽃, 지지고 볶고, 조리하는 도구]

논스틱 컬러 핸들 팬 피자 굽고, 스팸 굽고, 달걀도 프라이하고… 제대로 된 요리를 즐기기에 코펠 뚜껑은 부족하다. 또한 남은 채소와 식재료 모두 모아 볶음밥 만들 때도 이만한 사이즈의 프라이팬은 필수. 볶음 요리를 그대로 서빙하니 설거지거리도 줄여준다. 5만3천원, 더플랏74 www.theflat74.com

롯지 삼겹살 그릴 팬 무쇠 소재로 일단 고기를 구워보면 느낌이 확 온다. 옆으로 기울어져 있어 기름이 잘 빠지고, 무엇보다 식감을 자극하는 라인은 두말할 필요 없다. 집에서는 물론 캠핑 때 반드시 챙겨야 할 장비다. 참, 휴대용 버너에도 딱 맞는 사이즈다. 8만9천원, 롯지 www.lodgemall.co.kr

이글루 워터 저그 감각을 중시하여 물통 하나도 소홀히 할 수 없다면 이글루 워터 저그를 추천한다. 보통 7.5리터 용량에 식수를 넣고, 얼음 한 봉지 넣으면 하루 종일 시원한 물을 마실 수 있다. 클래식 버전의 워터 저그는 이제 판매 중단. 옐로 컬러에 레드 컬러 뚜껑이 달린 디자인도 매우 유니크하다. 7.5L 6만~7만원 선. 각종 온라인 쇼핑몰

구리 냄비 '먹핑'의 꽃은 매일 다르게 방문하는 손님 접대에 있다. 열전도율이 높은 구리 소재인 데다 사이즈가 넉넉해서 여럿이서 함께 즐기기 좋은 백숙 요리를 할 때 이만한 게 없다. 캠핑에서는 6인분 이상의 요리를 할 때, 집에서는 잼을 만들거나 열탕 소독할 때 다용도로 활용한다. 4만9천원, 오일클로스 www.oilcloth.co.kr

법랑 접시 1인용 개인 접시로 사용하기에도 손색없고, 감성 캠핑을 위한 세팅 도그로 감각을 살리기에도 제대로 한몫하는 귀한 아이템이다. FALCON 테이블 웨어 플레이트 4개 세트 2만4천원, 어네이티브 www.a-native.com

법랑 트레이 깊이가 있어 일반 볼과는 또 다른 매력으로 활용도가 높은 트레이. 무엇보다 내구성이 좋아 오븐 사용은 물론 주방에서도 쓸모가 많은 아이템. 야외 요리에서도 단연 인기가 높다. 개당(중) 1만7천9백원, (대) 2만2천4백원, 모두 미스달스튜디오 www.missdal.com

법랑 공기 좀처럼 쉽게 '득템'하기 어려운 법랑 소형 볼. 캠핑에서 밥공기로 활용하기에 그만이다. 평상시에 집에서 사용하다가 캠핑 감성 자극되면 바로 다용도 가방 안에 투하한다. FALCON 테이블 웨어 개당 약 4유로, 아마존 직구

머그컵, 물컵 소재는 같아도 용도에 따라 그 느낌을 달리 전달하는 머그컵과 물컵. 다용도로 활용 가능해 손님 접대 시 테이블을 돋보이게 하는 아이템이다. 레드 컬러로 포인트를 주는 것도 방법. FALCON 테이블 웨어 머그컵 4개 세트 2만4천원. 일반 컵 6개 세트 2만1천원, 모두 어네이티브 www.a-native.com

[준비한 음식, 레스토랑처럼 폼 나게 담아내는 용기]

스테인리스 컵 브랜드에 연연하기보다 디자인에 깐깐한 것이 나의 쇼핑 노하우. 물컵, 와인 잔 등 다양도로 활용 가능한 스테인리스 소재다. 컵 4개 세트 1만4천8백원, 퓨어 스타일 www.purestyle.co.kr

스테인리스 식기 세트 보편적인 코펠 디자인에 불만이 많다면 스테인리스 스틸 소재 히노비우스 18종 식기 세트를 추천한다. 큰 접시 4개, 면기 4개, 밥그릇 4개, 대접 4개, 종지 2개, 전용 케이스로 구성되어 있다. 포개면 콤팩트한 수납이 가능하다. 6만9천원, 캠핑온 www.campingon.co.kr

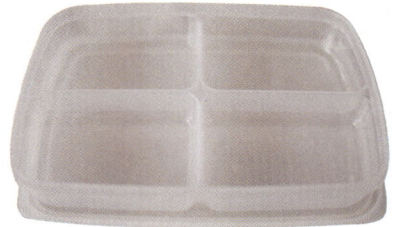

사각 1회용 용기 반찬, 재료 등을 다듬어 소분해 바로 찌개, 볶음, 무침 등 재료 준비에 활용하려면 4칸 용기 정도가 적당하다. 단품 3천5백원. 4개 세트 1만3천5백원, 모두 카페앳홈 www.e-cafeathome.co.kr

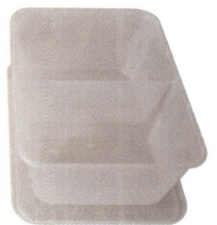

테이크아웃 용기 정말 부담 없는 가격대의 테이크아웃 용기가 캠핑 요리 준비에 큰 도움을 준다. 찌개, 각종 구이, 피자, 우동 등 메뉴별 재료를 소분할 때 대활약하기 때문. 2칸 사이즈(대) 개당 5백40원, 컵앤컵 www.cupandcup.co.kr

CAMP
CAMP
CAMPING at 팔현 캠핑장

[EPISODE 2]

2013. 04. 05 AM 11 : 00 | KNITTING PLAY

역사적 사명을 띠고 목하 뜨개질 중이시다. 왜? 캠핑 때 가져가려고!

오늘은 삼삼오오 모여 앉아서 '열뜨' 하는 날. 갑자기 왜 뜨개방이 되었느냐 하면 그건… 내 맘이다, 뭐! 어쨌든 뜨개질의 재미를 더하기 위해 그린 컬러로 드레스 코드를 정한 뒤 모임을 청했다. 나는 대놓고 초록 카디건, 티 코스터, 머플러, 장바구니, 운동화, 머리핀까지…. 모두모두 초록 물결로 착장. 야호! 썬~나는구만! 재미지구만! 그리고 그다음 주 연달아 이어진 뜨개방. 이렇게 작정하지 않고서는 대형 블랭킷의 완성은 어쩌면 불가능했을지도 모른다. 낙엽 우수수 떨어지고, 찬바람이 불 때도 아닌 따뜻한 봄날 한가운데서 며칠씩 칩거하며 블랭킷 뜨기에 몰입하는 나를 지인들이 이해해 주리라고는… 물론 생각 안 했다.

하지만 이제 곧 다가올 캠핑 철에 맞춰 감성 코드 자극하는 블랭킷을 완성하려면 선택은 오직 '단체 뜨개방'뿐. 단체 뜨개방은 은근 선의의 경쟁심을 불러일으켜 '뜨신'이 오시기에 적당한 분위기가 금세 조성되니 말이다. 한 달 꼬박 집중해도 불가능했을 결과물을 살림 전폐하고 매달린 덕분에 일주일 만에 완성! 자자, 이제 떠나는 거다. 알록달록 블랭킷 한 장 옆구리에 척, 끼우고 보란 듯이 캠핑장으로 향할 차례다. 블랭킷은 아크릴 면실을 사용해서 코바늘뜨기로 만드는데, 한길긴뜨기로 모티브를 하나씩 완성한 후 돗바늘을 사용해 이어주면 된다.

준비 사항

1 원하는 컬러의 아크릴 면실, 코바늘, 돗바늘과 가위, 그리고 함께할 파트너.

2 가로 세로 약 20cm와 10cm 사이즈의 정사각형 모티브를 여러 개 완성한 다음, 미리 배열을 마친 후 돗바늘로 잇는다.

3 '뜨신'이 떠나지 않도록 필요한 준비물을 모두 챙기는 것이 중요하다. 뜨개방을 서둘러 떠나는 결손 파트너가 생기지 않도록 맛난 음료와 점심 준비는 필수다.

4 빠른 비트의 음악보다는 루시드 폴의 차분한 감성이 아무래도 장시간 뜨개질에 유리하다. 왜냐하면 우리는 감성적인 여성 동지들이니까.

띵굴마님 연기력? **짱!**

여보, 당신 혼자 따뜻한 거 다 차지하니 좋은가?

숲 속 바람은 애시당초 거짓말을 하지 않는다. 9월 초, 한낮의 태양은 여전히 뜨겁지만 해가 내려앉는 시간이면 쌀쌀한 기운이 시작된다. 가을이에요, 가을이라니까, 그런다. 싫지 않다. 봄에 정성껏 떠놓은 블랭킷을 들고 가서 무릎에 덮고, 뜨개 옷을 입힌 따끈따끈한 유단포를 가슴에 품으니 무릉도원이 따로 없다. 램프에도 예쁜 뜨개 옷 지어 입혔더니 쉭쉭, 바람 소리인 듯 기분 좋은 소리를 낸다. 어? 그런데 분위기 탓인가? 갑자기 왜 내 옆에 있는 남자가 소지섭으로 보이지? 그럼 나는 공효진? "어머머! 죄송합니다. 말이 헛나갔네요."

네, 좋고말고요. 당신도 생각 있으면 떠오시구려

1 뜨개방을 열어가며 야단법석 난리블루스를 펼쳤던 이유? 바로 여기 캠핑에서 제대로 빛을 발한다. 캔들 아래도 뜨개 매트, 램프에도 뜨개 옷. 분위기 살려주는 고마운 아이템이다.
2 냄비 받침은 야외에서도 필수. 아, 땅굴마님네 살림들은 안팎으로 바쁘다 바빠.
3 봄여름에는 리넨 살림, 가을겨울에는 뜨개 살림.
4 은은한 불빛, 심지 소리가 감성 모드 자극하는 콜맨 루미에르 랜턴. 눈에 거슬렸던 가스통은 어여쁜 뜨개 옷으로 가렸다.

4
[BEFORE CAMPING]

띵굴마님! 그 많은 짐들, 어떻게 싸는 거예요?
집채만 한 짐도 잘만 꾸리면 한주먹거리예요!

그냥 몸만 가서 놀다 오는 건 안 되나요?

이 많은 걸 기어코 다 챙겨 간다고요?

이삿짐센터 아르바이트라도 하셨던 거 아니에요?

아니면 수리수리 마수리 요술 봉 같은 게 있죠?

분명히 무슨 남모를 비결이 있지 않겠어요?

네? 서방님이 착착 도와주니까 괜찮다고요?

띵굴마님, 남편을 너무 혹사시키는 거 아녜요?

흥! 핏! 쳇!

세상 모든 일에는 기획이 필요합니다. 살림이 그렇고, 내가 좋아하는 취미를 살리는 일이 그렇고, 물론 캠핑 역시 다르지 않습니다. 생각해 보세요. 살림이라는 게 가족들 앞에서 펼쳐 보이는 나의 '쇼'라고 생각하는 거예요. 그럼 한결 재밌어지지 않겠어요?

그 쇼를 소극장 무대에 올리듯 잔잔하게 꾸밀 것인지, 패티김 언니나 남진 오빠의 호텔 리사이틀처럼 화려하게 만들 것인지를 결정하는 것은 결국 내 몫입니다. 그렇게 생각하고 살다 보면 지루할 틈이 없어요. 매일매일 쇼쇼쇼! 왜냐하면 내 인생, 내 살림의 주인공은 바로 '나' 자신이니까요. '내가 제일 잘나가~' 하면서 당당해질 필요가 있다니까요.

그렇게 쇼 하듯이 살다 보니 저는 일명 잔머리의 대가가 되었답니다. 데굴데굴 머리 굴리는 소리가 몸 밖으로 나와요. '오늘은 뭘 해먹지? 요 아이 가지고 뭘 만들지? 난장판이 된 이 공간을 어떻게 치우지?' 하고 수시로 궁리하게 되니까요. 이다음에 늙어서 치매는 안 걸릴 거예요. 이렇게 통통통, 잘 익은 수박 같은 소리를 내는 머리 덕분에.

캠핑을 준비하면서 잔머리 굴리기가 최고조에 달하는 때는 역시 '밑 준비와 짐 싸기' 단계입니다. 이 단계의 임무들을 얼마나 충실하게 해냈는가에 따라 캠핑의 성패가 좌우되니까요. 특히 처음 가는 캠핑이라면 가족들이 실망하지 않도록 밤잠 안 자고 비밀리에, 마치 그분이 오신 듯한 손길로 준비를 마칠 필요가 있습니다. 그래야 캠핑장에 도착했을 때 짜잔! 하면서 지속적인 감동을 줄 수 있으니까요.

캠핑 준비의 하이라이트는 역시 주방 아이템, 그러니까 음식과 관련된 것들입니다. 우리는 솥뚜껑 운전사니까 당연한 일이겠죠. 어디에서나 먹는 일만 기분 좋게 해결되면 칭찬은 덤으로 따라옵니다. 가서 몇 끼를 먹을지, 끼니마다 뭘 해먹을지, 한 가지 재료로 두세 가지를 해먹을 아이템은 없는지 등을 고루 살핀 뒤 식재료를 골라야 합니다. 그리곤 매우 치밀하게 갈무리를 하는 것이 좋습니다. 끼니별 아이템들끼리 무리 지어 짐을 싸는 거죠. 그래야 다 먹고 나서 '아! 김치찌개에 넣을 돼지고기가 여기 있었네!' 하면서 뒤늦게 발견하는 일이 없어집니다. 잘못했다가는 닭백숙 먹으려다 닭을 잃어버려서 황기탕을 먹고 오는 수가 있다니까요.

START_ AT HOME
[집에서 일단 펼쳐 놓았을 때는 막막하더니만…]

준비 사항

1 캠핑 떠나기 전 가장 먼저 하는 일은 남편과 나의 역할 분담하기. 나는 주방에서 쿨러를 채우기 위해 분주하고, 남편은 거실 가득 펼쳐놓은 텐트 및 기타 장비를 담당한다. 캠핑하기로 정한 날이면 아침부터 각자 할 일을 찾아 일사분란하게 움직이는데 그 준비 시간이라는 것도 캠핑 횟수에 비례하여 점점 줄어들기 마련이니 짬날 때마다 부지런히 캠핑하면서 공력을 쌓는 게 좋다.

2 변동 사항은 음식 메뉴에 따라 달라지는 쿨러의 내용물일 뿐, 다른 전투(?) 장비들은 손질해서 늘 한곳에 모아두는 터라 준비 시간이 그리 길지 않다. 그래도 놓칠 수 있는 것이 있으니 하나하나 꺼내고 차에 옮겨 실으며 장비 리스트를 점검한다. 다용도 가방 2개에 텐트, 타프 등과 식기 등 주방 용품을 나눠 담고, 음식 재료는 쿨러에 수납. 테이블과 의자, 버너 등은 따로 케이스가 있으니 점검만 하면 준비 끝~!

3 키친 라이프가 중요한 나에게는 음식물이 터질 듯이 담길 쿨러 수납이 관건. 나름 노하우가 필요한 부분이다. 주방 살림 리스트와 수납법, 그리고 메뉴에 따른 재료 수납법은 뒤에서 자세하게 공개한다. 기대하시라.

4 내릴 때를 고려한 짐 싣기. 캠핑장에 도착했을 때 가장 먼저 설치하는 것이 텐트와 타프다. 만약 텐트를 트렁크 가장 안쪽에 실었다가 행여 사이트 장소를 변경하기라도 할라치면 모든 짐을 다 뺐다 넣었다, 낭패가 아닐 수 없다. 따라서 차에 짐을 실을 때에는 캠핑장에 도착해서 하게 될 일의 역순으로 수납하는 게 지혜로운 방법이다. 안쪽에는 식기와 침낭, 스토브 등을 담은 가방과 아이스박스, 바깥쪽에는 텐트와 타프, 매트 등을 싣는다. 테이블과 의자는 제일 바깥쪽에 싣거나 위에 얹는다.

DONE _ CAMPING SITE
[착착착 정리하면 그래도 숨통이 좀 트인답니다]

저요. 아무래도 천지신명님이 저를 세상에 떨어뜨리실 때, 특별한 명령을 하달하신 것 같아요. 가끔 그런 생각이 들어요. 그 명령이란 '사람들을 푸지게 먹여서 한껏 살찌우거라~' 하는 계시가 아니었을까요? 누가 뭘 맛있게 먹는 걸 보면 그렇게 좋을 수가 없거든요.

특히 제가 만든 음식을 볼이 미어져라 먹으면서 행복해하는 모습을 보면 안 먹어도 배가 부르죠. 그러니 어쩌겠어요. 언제라도 만들 수 있는 식재료들을 선수처럼 냉장고에 채워 넣고는 때가 당도하기를 기다리면서 사는 거죠. 덕분에 저랑 사는 남자는 자꾸 배가 '곰돌이 푸'처럼 동그래져서 요즘 목하 다이어트 중이시랍니다. 히히!

한번 경험해 보면 제 마음을 이해하시겠지만, 산으로 들로 캠핑을 떠난 내 가족들이 전에 없이 행복한 얼굴로 맛있게 먹는 모습을 보면 감동이 폭풍처럼 몰아칩니다. 그런 감동을 만끽하기 위해서는 조금 번거로워도 떠나기 전에 미리 해먹을 음식들을 갈무리하는 것이 중요합니다.

예를 들어볼까요? 삼겹살을 구워 먹을 생각이라면 우선 고기를 먹기 좋은 크기로 썰어서 소금과 후춧가루를 뿌려 살짝 재운 뒤 용기에 담습니다. 다음에는 고기와 짝을 이뤄야 할 재료들을 준비하죠. 양송이버섯은 씻어서 반으로 갈라 담고, 감자와 양파도 껍질 벗겨 씻어서 구워 먹기 좋게 썰어 담고, 통마늘도 준비합니다. 쌈은 미리 준비해서 잘 씻어 한군데 담아 놓고, 바글바글 강된장은 차게 먹어도 맛이 좋으니 미리 끓여서 용기에 담아 둡니다. 이렇게 한 끼 식사가 될 아이템들을 밑 준비한 뒤 한데 모아서 묶어 두는 거예요. 착 풀면 한 번에 등장하시도록 준비하면 끼니, 끼니가 편리해지거든요.

이런 밑 준비 없이 떠났다가는 상추 씻고, 채소 손질하다가 그만 덜컥 아침이 되고 만다니까요. "캠핑 좀 하자고 그렇게 조르더니만 자~알 한다! 식구들 다 굶기고!" 남편에게 이런 소리를 들을 수는 없지 않겠어요?

자연에 나가 뛰어놀다 보면 목이 마르기도 다반사이니 음료나 과일 준비도 필수입니다. 저는 주로 직접 담근 과일청을 수납 용기에 담아가서는 얼음 띄운 찬물을 부어 마시게 합니다. 진짜 맛나죠. 숲 속에서 마시면! 조금 귀찮아도 원두를 핸드 드립해서 마실 수 있게 하는 것도 빼놓지 않습니다. 산중에서 마시는 원두커피의 향은 정말이지 예술이거든요.

아무래도 집 떠나 놀다 보면 삼시 세끼가 아니라 삼시 여섯 끼 정도를 먹게 되는 것은 기본! 남편과 아이들 모두 만족시킬 수 있는 다양한 식재료들을 챙겨갈 수만 있다면 캠핑의 수확은 매우 커집니다. 두고두고 엄마의 존재감을 높이면서 사랑스러운 아내로 등극할 수 있게 될 테니까요. 음식에 대한 보다 자세한 레시피들은 뒷장에서 다루게 될 테니 여기에서는 준비 과정만 지켜보시죠.

준비 완료! 주방 살림을 한 번에 품을 수 있는 다용도 가방. 자잘한 짐들이 한 번에 들어가는 다용도 가방이나 사각 플라스틱 박스 2~3개는 필수다.

띵굴마님, 서부지청 캠핑과 김 형사입니다. 가방 검사가 필요하니 협조해 주시기 바랍니다!

캠핑 초기, 쿨러로 사용하던 것이 다용도 가방으로 변신했다. 용도를 바꿔 나름의 방식으로 사용하는 것이 나의 노하우 아니던가. 주방 살림용 가방을 오픈! 하면 곧바로 나무 도마 등장하시겠다.

소중한 법랑 소재들을 위한 띵굴마님표 정성 포장의 표본. 사용하고 남은 자투리 원단을 보자기로 활용해 용도와 모양별로 포개 쌌다. 적당한 빈자리에 세우거나 포개어 수납한다.

나무 도마를 걷으면 프라이팬 2개가 살포시 포개어진 채 연애 중. 그 아래로 세우거나 포개어 수납한 다양한 살림이 살짝 보인다. 쿠션감이 좋아 용도와 재질, 모양을 달리하는 주방 살림들을 융통성 있게 수납하기에 안성맞춤인 가방이다.

보자기를 풀어보면 법랑 볼 등장, 볼 속의 남는 공간도 그냥 둘 리 없다. 일명 '뽕뽕이'를 끼워 스테인리스 스틸 소재 소스 그릇을 엎었다. 왜! 소중한 법랑 그릇을 보호해야 하니까! 깨지기 쉬운 물건 외에도 자잘한 물건을 정리 수납하는 데는 보자기가 그만이다.

컵, 공기, 접시, 커트러리, 조리 도구, 주전자, 트레이까지 주방 살림이 한눈에 쏙 들어온다. 대부분 캠핑 전용이 아닌 집에서 사용하던 것들이라 과대 정성 수납은 필수이니 그저 참고만 하시길. 눈에 안 보이지만 무거운 삼겹살 그릴은 바닥에 든든히 자리 잡고 있다.

콜랜더 & 샤브 냄비 크기도 거창한 이 물건들을 어디에 쓰느냐고 묻는다면, 온갖 면 요리와 탕 요리에 필수라고 말하겠다. 콜랜더는 골빔면이나 우동 삶은 후에도 쓰고, 채소 씻어서 물을 뺄 때도 품위(?)를 살려주는 고마운 도구다.
통 5중 스테인리스 소재 샤브 냄비로 말할 것 같으면 온갖 찌개, 탕 요리의 손맛을 살려주는 다기능 조리 도구. 이 아이들은 그 수려한 자태 덕분에 조리용은 물론 서빙용으로도 손색없다는 사실.

나무 수납함 자연 친화적인 나무 소재는 특히 야외에서 빛을 발한다. 두 칸으로 나뉜 디자인으로 수납력이 좋아 가위, 국자, 수저, 포크, 집게, 칼까지 모두 이 안에 쏙 들어간다. 도구들을 담은 채로 나무 수납함을 다용도 가방에 넣었다가 꺼내어 세팅하기만 하면 끝. 공간을 많이 차지하지 않으면서 넣었다 뺐다 하기 쉽다. 아, 무엇보다 예뻐서 더욱 좋다!

캠핑용 드립 커피 장비 내가 특히 아끼고 사랑하는 드립 커피 도구들. 이것도 다용도 가방에 살포시 자리 잡고 있다가 나무 테이블 위에 올려놓으니 후광이 비친다. 컵, 주전자, 핸드 드립 포트(기존 오일 포트)는 포개서 가방 속에 그대로 수납한다.

띵굴마님, 이것들이 전부 그 가방 안에 들어 있던 거예요? 도대체 어디에 쓰는 장비들이에요?

우드 쉘프 가지런히 한자리 차지하고 있는 캠핑용 주방 살림들. 대개 캠퍼들은 주방 살림을 감추는 수납이 가능한 폴딩 캐비닛에 정리하지만 나는 과감하게 오픈식 선반에 주방 도구 수납을 단행한다. 소중한 법랑 소품들이 칸칸이 주인장의 손길을 기다리고 있는 풍경. 자, 이제 요리해야지.

SPEEDY INTERVIEW 3
띵굴마님, 이 많은 그릇들 설거지는 어떻게 해요?

사실 뽀득뽀득 씻고 닦는 기쁨을 유난히 좋아하는 저로서는 캠핑 후의 설거지가 여간 골치 아픈 일이 아니에요. 왜냐하면 개수대 경쟁률도 치열하고, 시설도 썩 뛰어나지 않은 캠핑장에서의 설거지란 타협할 일이 참 많거든요. 하지만 흔들리는 램프 아래서 도란도란 이야기를 나누고, 한겨울이면 이른 아침 텐트에서 나왔을 때 소복이 쌓인 눈을 경험하는 기쁨이 더 크죠. 그러니 그깟 설거지쯤은 암케나 해도 상관없다, 라고 생각이 바뀐 거죠.
다만, 몇 가지 설거지 노하우가 있어요. 이건 저만의 방법은 아니에요. 모든 캠퍼들의 방법이니까 혹시 저 같은 깔끔쟁이가 있다면 참고하시죠.
우선 키친타월을 넉넉히 준비하세요. 키친타월 설거지는 의외로 편리하거든요. 1차로 기름기 없는 그릇은 키친타월로 거뜬히 해결할 수 있어요. 그래도 기름기 있는 그릇이 나오게 마련이죠? 그럼 끓는 물을 부어 기름기를 제거하세요. 게다가 타서 눌어붙은 것도 나오죠? 이건 큰 그릇에 모아 물에 담가두세요. 그래도 찝찝하다고요? 중성 세제는 물이 많이 드니까 가급적 세제 대신 재활용 티백을 활용하세요. 그래도 닦이지 않는 게 있다고요. 무슨 걱정이에요. 한곳에 다 모아서 집으로 가져가세요. 하하하.

소스와 양념 in 밀폐 유리병 보르밀리오 스윙 병은 소스와 양념을 담아 캠핑하라고 태어난 도구 같다. 샐러드, 겉절이, 찌개 등에 필요한 소스와 양념을 미리 만들어 밀폐 용기에 담아가면 캠핑 시 요리 시간을 단축할 수 있고, 2~3인분씩 소분도 편하다. 게다가 성능과 디자인에 비해 그 착한 가격이란! 0.25L 2천원대, 컵앤컵 www.cupncup.co.kr

밑 재료와 밑반찬 in 2칸, 4칸 용기 쿨러 안에 음식물을 수납할 때 용기의 디자인과 크기가 일정해야 수납공간을 보다 넓게 쓸 수 있다. 우아한(?) 캠핑 요리를 위해 캠핑 떠나기 전 재료를 미리 손질하는데, 그때 유용한 것이 바로 다양한 버전의 납작 수납 용기들. 이 재료들을 끼니마다 조리 도구에 투하하기만 하면 요리 끝. 2칸 용기 5백40원, 컵앤컵 www.cupncupco.kr / 4칸 용기 4천5백원, 카페앳홈 www.e-cafeathome.co.kr

띵굴마님! 겨우 하룻밤 잘 건데 냉장고를 다 털어 오셨나요? 네? 이거 말고도 더 있다고요? 켁!

국물 음식 in 원형 수납 용기 일명 '냉동실 문짝 용기'로 불리는 기다란 원형 수납 용기는 간장 장아찌, 우동용 육수를 담기에 제격이다. 고기 먹을 때 빠질 수 없는 곁들이 양파 장아찌는 2~3일 동안 한 통 다 먹고도 섭섭할 정도로 좋아하는 메뉴. 국물 음식 외에 시리얼, 누룽지, 스파게티를 담기에도 유용하다. 3천8백원, 두두월드 www.duduworld.com

채소 in 지퍼백 1회용 지퍼백은 캠핑 요리 재료 준비할 때 널리 사용한다. 쌈 채소는 현장에서 씻어 준비하곤 하지만 개수대가 멀다면 이 또한 미리 지퍼백에 준비하는 것이 편하다. 겉절이용 채소도 미리 손질하여 물기를 빼서 냉장실에 넣어두었다가 떠나기 직전 지퍼백에 넣어 쿨러에 담아간다.

채소 in 밀폐 용기 방울토마토 등 자칫 눌러서 모양이 상하기 쉬운 채소는 플라스틱 밀폐 용기를 활용한다. 이때도 가급적 크기와 모양이 일정한 것이 좋다. 방울토마토는 한두 통 넉넉히 준비하면 아침 식사용이나 피자 토핑, 간식, 술안주 등으로 다양하게 쓰인다. 어느 순간에나 사랑받는 방울토마토는 캠핑 요리의 단골 식재료다. 3천5백원, 미스달스튜디오 www.missdal.com

찌개용 재료는 섞이지 않도록 나눠 담고, 고기 먹을 때 함께 먹으면 좋은 오이도 스틱 모양으로 동글동글 미리 다듬었다. 저렴한 가격의 테이크아웃 용기는 캠핑에서도 쓰임새가 많다.

냉장고 속에서 미움 받던 밑반찬들은 야외에서 꿀 같은 음식으로 변신한다. 4칸으로 나뉜 밀폐 용기는 반찬을 다양하게 담을 수 있고, 끼니마다 꺼내 먹기 편하다.

네이버 검색 창에 우연히 '땅굴마님'이라고 쳤다가 '땅굴마님 수납용기, 땅굴마님 납작용기, 땅굴마님 냉장고 수납용기' 등등 용기, 용기, 용기… 라고 막 연달아 튀어나오는 단어들에 잠시 당황한 적이 있었다. 그렇다면 나는 용기마님? 그래 좋다! 나는 땅굴용기마님! 그 대단한 용기들이 캠핑할 때 잠자코 집에서 쉬고 있을 리가 없다. 소스, 양념, 밑반찬, 밑 재료, 누룽지와 과일 등등 모든 먹을 것들은 용기 속에 차분히 담긴 채 어서어서 나의 손길이 당도하기만을 기다리고 있는 중이시다.

플라스틱 사각 용기들에 소분을 마친 구이용 식재료들. 월계수 잎, 소금, 후춧가루로 하루 전날 시즈닝을 마친 삼겹살은 각 딱딱 맞춰 납작 용기에 담았다. 피망, 버섯 등의 큼직한 구이용 채소는 신발 정리함 용도로 판매되는 용기에! 어디에 쓰든 용도를 바꾸는 것은 내 맘이니까. 양념 고기는 속이 깊은 테이크아웃 사각 용기, 풋고추와 마늘은 테이크아웃 소스 용기가 제격이다.

CAMP
CAMP
CAMPING

[EPISODE 3]

시작은 미약하나 그 나중은 창대하리라! 지난 5년, 나의 캠핑 변천사

at 운학산 자연휴양림

2009. 06. 02
PM 14 : 30 | PICNIC
| 무박 1일

바다, 숲, 도시, 포구, 식물원, 휴양림, 과수원, 목공소, 거리…, 심지어 마트나 마켓까지! 나와 남편의 힐링 타임 '지구별 산책'.

캠핑의 시작은 피크닉부터라고 해두자. 물론 불 피워 직접 해먹은 건 아니지만 집에서 직접 조리한 도시락 싸들고 나선 거니까. 어느 초여름, 토요일 오후 집에만 있기 몸이 근질근질한 날 느지막이 떠난 피크닉. 반나절 쉬엄쉬엄 음식 준비하고, 집에서 30분 거리의 운악산 자연휴양림으로 고고씽~.

피크닉 데크에 레드 컬러 매트 좌~악 펼치고, 콘 샐러드, 닭봉구이, 불고기주먹밥과 미니 아이스박스에 담아간 캔 맥주까지…. 무박 1일 당일치기 피크닉은 가벼워진 가방 메고 느릿느릿 걸으며 삼림욕으로 마무리됐다.

★ 운악산 자연휴양림 | 경기도 포천시 화현면 화동로 184, 관리사무소 031-534-6330

1 소프트 쿨러 들고 터벅터벅. 피크닉 때는 차가운 캔 맥주와 신선한 과일은 필수.
2 한나절 '지구별 산책'으로 제격인 자연휴양림.
3 과대 포장은 이미 오래전에 시작됐다는 사실.
4 각자의 먹이 그릇에 각종 음식 한데 담아 맛있게 챱챱!

at 남양주 팔현 캠핑장

2010. 08. 01 PM 12 : 00 | FIRST CAMPING | 1박 2일

2009년은 우리 부부의 캠핑 시작 원년이다. 전국 일주를 하며 여름휴가를 보내겠다는 야심찬 계획을 세우고 하나둘씩 캠핑 장비를 장만하기 시작할 무렵, 전국 일주 리허설을 위해 나선 팔현 캠핑장. 2초면 뚝딱 펼쳐진다는 '와우 텐트'가 진짜인지 확인해야 했으므로.

빼곡한 침엽수림이 압권인 팔현 캠핑장. 캠퍼들에게 베스트 캠핑장으로 꼽히는 곳인 줄도 모르고 집에서 가깝다는 이유로 앞뒤 볼 것 없이 텐트부터 쳤는데, 숲 속의 수려한 경관 덕분에 그 출발부터 순조로운 기운 펄펄. 텐트는 그런대로 쉽게 설치했지만 역시 타프 자리 잡기가 쉽지 않았던 기억. 타프 설치하는 것을 보고 고수와 하수 캠퍼를 구분한다는 말이 실감났다. 4년 전 우리 캠핑 장비를 보니, '폼생폼사'에 사는 나로서는 눈물이 앞을 가린다. 텐트와 타프의 저 컬러 조합이 뭐람. 스토브 대신 일명 '부르스타'에 밥 해먹으면서도 '사실남'이 별명인 남편의 '시작이 반, 초기 투자 비용은 낮게 낮게…' 표어를 따를 수밖에. 암만, 남편 말을 잘 들어야 한다. 그래야 자다가도 캠핑 장비가 생기지.

★ 팔현 캠핑장 | 경기도 남양주시 오남읍 팔현리 20, 031-575-3688, www.tourup.co.kr

1 초보 캠퍼 티가 팍팍! 저 멀리 부지런히 고기 굽는 띵굴마님의 자태를 보라.
2 나름 숲 속에서 밥 지으니 제대로 뜸 들이려면 주먹 돌멩이는 필수.
3 이제 캠프를 시작하는 당신에게 용기를 주는 초보 캠퍼의 첫 캠핑 사이트.

2010. 08. 07
AM 10 : 00 | CARAVAN
CAMPING | 1박 2일

at 한탄강 오토캠핑장

여름휴가 첫날, 불과 40분을 달려 한탄강 오토캠핑장에 도착했다. 이웃 블로거의 말대로 '땅굴마님네는 캠핑 8학군에 살고 계신다'는 말이 실감나는 순간이다. 텐트 야영도 좋지만 캠핑카가 궁금했던 부부의 호기심도 풀고, 삼복더위를 피해 볼까 하는 생각으로 카라반 낙찰. 데크에서 야외 활동을 충분히 즐기다가 더우면 살짝 에어컨이 있는 카라반으로 피신하며 보낸 호사 캠핑. 최근에는 텐트를 비롯해 모든 캠핑 장비를 다 갖춘 글램핑도 늘어나는 추세니 캠핑에 관심이 있는 이들은 일단 글램핑이나 카라반을 통해 캠핑의 맛을 살짝 미리 보는 것도 방법이다.

★ 한탄강 오토캠핑장 | 경기도 연천군 전곡읍 전곡리 640, 031-833-0030, www.hantan.co.kr

1 카라반 안에 취사 장비가 다 갖춰져 있지만 역시 캠핑의 묘미는 야외 활동이 아니던가. 2 오늘의 점심은 명란크림파스타. 살짝 더우니까 점심 식사 준비는 에어컨 빵빵한 카라반 안에서 하는 걸로. 3 캠핑 요리의 꽃 비어캔치킨. 내가 사랑하는 비어 한 캔 후딱 따 먹고 살짝 구멍을 낸 뒤 하루 전에 미리 시즈닝을 마친 영계 한 마리를 캔에 꾹 끼워 화로대로 투입. 미안, 꼬꼬닭아. 4, 5 베이컨, 달걀프라이, 감자&채소 구이로 차린 단백질 100% 충족 아침 식사. 6 즉석 레모네이드 한 잔.

2010. 11. 19 AM 11 : 00 | URBAN CAMPING | 1박 2일

at 상암 노을 캠핑장

한강이 내려다보이고, 주변에 건물 하나 눈에 걸리지 않는 캠핑장이 서울에 있다? 있다! 바로 상암 하늘공원의 노을캠핑장이다. 하늘공원은 도심 속에 둥둥 떠 있는, 마치 '천공의 성 라퓨타'쯤 되지 않을까. 어느 11월의 한산한 금요일, 초겨울 날씨다운 쌀쌀한 기운을 헤치고 나의 첫 번째 이웃님과 함께 어반 캠핑을 나섰다. 아, 이름도 근사한 어반 캠핑! 한강을 한참 내려다보기 위해선 캠핑장까지 모든 장비를 카트에 싣고 이동해야 한다는 사실. 다행히 최근에는 맹꽁이 전기차(유료)가 생겨서 그나마 한시름 놓아도 될 것 같다.

여유로운 금요일 오후, 거칠 것 없는 두 여자가 먼저 캠핑장을 점령하고 1초면 펴지는 텐트를 친 후 남편들 퇴근하길 기다리며 무엇을 했을까? 야외 바느질과 수놓기, 이것도 은근히 매력 있네. 월동 장비도 없이 용감하게 하룻밤을 보낸 기억. 무사히 살아나 따뜻한 햇반 위에 달걀프라이 한 점 올리고 행복했던 기억이 새록새록. 역시 캠핑은 마음 맞는 여럿이 떠나야 제맛이다. "여봉, 자기랑 단둘이 가도 물론 좋아요." ★ 상암 월드컵공원 노을캠핑장 | 서울시 마포구 상암동 월드컵 공원 내, 02-304-3213, www.worldcuppark.seoul.go.kr

1 도심에서 상상도 할 수 없는 자연 환경에 우드 볼 하우스, 미로 찾기 등 아이들을 위한 친환경 놀이터가 있어 가족 단위 캠핑장으로 추천한다.
2 동행한 이웃님의 텐트 안에 펼친 티 테이블. 허허, 거실 넓다.
3 마치 마술을 구경하듯 땅굴마녀의 핸드 드립을 바라보고 있는 이웃 부부. 최고의 갤러리다.

at 지리산 달궁야영장

2011. 08. 04 PM 14 : 00 | VALLEY CAMPING | 2박 3일

1 잠자리도 우리랑 같이 후식 먹을라나. 녀석이 쉬고 있으니 방해되지 않게 숨도 가만가만 쉬어야지.
2, 3 사이트를 구축하며 진 뺄 일을 생각하면 일단 먹어야 한다. 최대한 간단한 조리법으로 후딱 만들 수 있는 떡볶이와 어묵탕.
4 점심 식사 후 후식은 블랙 체리와 레모네이드. 보온병에 담아 온 얼음이 하루가 지났는데도 그대로다. 기특한 것!
5 잠을 뒤로하고 다운받은 음악이라 한 자락, 한 자락 더욱 소중하구나.
6 남편은 지금, 지리산 달궁 계곡을 제대로 느끼고 있는 중이다. 좋~고나! 얼쑤!
7 캠핑을 하다 보면 미리 계획하지 않아도 선물처럼 놀잇감이 생긴다.

팔현 캠핑장과 마찬가지로 사전 예약 없이 선착순 입장하는 지리산 달궁야영장. 그런 이유로 충동 캠퍼들에게 인기가 많다. 이번 캠핑 또한 나의 1인 시위로 '급' 떠난 캠핑이니 자리가 있을 턱이 있나. 늦은 장보기와 아이폰에 음악을 다운받느라 나는 3시간, 남편은 1시간 겨우 눈 붙이고 떠났는데, 하필이면 한여름 캠핑 피크 시기라 그야말로 X고생한 기억이 난다.
자리 날 때까지 번호표 받고 3시간 대기해야 했고, 사이트 구획이 없어 먼저 깃발 꽂는 사람이 임자라 마치 서부 개척 시대를 방불케 했다. 한여름 캠핑철의 캠핑장 경험을 제대로 한 셈. 간단하게 요기하고, 으샤으샤~ 사이트 구축하고, 간밤에 잠 설쳤으니 낮잠으로 여독을 푼다. 누가 뭐라나, 먹고 자고 먹고 자고 이것이 힐링 아닌가. 한

해묵은 추억담!
땡!

잠 자고 일어났으니 바로 저녁 준비. 저녁 메뉴는 캠핑의 백미, 삼겹살 구이. 파 채 무치고, 텃밭에서 뜯어온 깻잎도 곁들이고, 신 김치도 꿰어야지! 이제 해가 뉘엿뉘엿 산을 넘는 시간. 산자락에 구름 걸치고, 난민촌 같았던 캠핑장에 고요와 평화가 찾아든다. 1박은 이렇게 마무리되고, 다음 날 이제 좀 정신이 든 부부는 이른 아침 핸드드립 모닝커피 한 잔으로 산자락 아래 캠핑을 우아하게 시작한다. 누룽지탕에 장조림, 깻잎, 매실, 양파 장아찌…. 아, 맛난다! 이어 이어 남편의 오랜 숙원인 은어, 피라미 줄낚시. 설마 설마 했더니 차고도 차디찬 달궁 계곡이 우리 부부에게 준 선물, 드디어 버들치 2마리가 걸렸다. 잡아먹겠다는 남편을 겨우 설득한 끝에 방생 성공! 늦은 오후 남편 회사 후배 커플이 합류해 더욱 풍성해진 시간. 자자, 이제 본격적인 캠핑 요리가 시작되고, 이야기는 무르익고, 밤은 깊어간다.

전날 잘 켜지던 랜턴이 말을 듣지 않아 테이블을 옮겨 가로등 아래에서 저녁 식사를 했는가 하면, 비도 후드득 떨어지고, 그래서 숯불 피우기도 쉽지 않았던. 심지어 가스 버너의 안전장치가 말을 듣지 않아 대하 소금구이는 반도 채 못 먹었다지. 일도 많고 탈도 많았던 계곡 캠핑.

모든 캠퍼들이 한결같이 말하는 것처럼 어쩐지 고생 많았던 캠핑이 제일 기억에 남는 게 맞다. 어딘가 끼어 들어가 텐트를 치고, 우리 또한 난민이 되어야 했던 상황을 금세 잊을 수 있었던 것은 지리산 자락의 맑은 기운과 쏟아지는 별들, 수려한 자연경관과 바로 코앞의 맑은 계곡, 그리고 이야기 나눌 수 있는 친구 덕분이었다. 난민촌 같다고 궁시렁 궁시렁…, 그래 놓고 2박 3일이 아쉽다며 무거운 다리 끌고 왔다.

★ 지리산 달궁야영장 | 전북 남원시 산내면 지리산로 365(덕동리 281), 063-630-8900, main.knps.or.kr

5
[COOK & PLAY]

띵굴마님! 캠핑 가면 뭐 해먹고 놀아요?
1인분에 10만원짜리 호텔 바비큐 코스요!

마님, 지금 뭐 드시고 있는 거예요?

빵이에요, 떡이에요, 피자예요?

고놈이 맛이 그렇게 좋아요?

이래서 마님 캠핑을 '먹핑'이라고 하는 거죠?

사진 찍고 있는데 그 얼굴, 괜찮겠어요?

아, 진짜! 정신 줄 놓으신 거 아녜요?

띵굴마님, 대답 좀 하면서 먹으면 안 돼요?

······ 찹찹찹!

저는 먹성이 아주 좋은 편이랍니다. 뭐든 잘 먹죠. 남이 해주면 진짜 잘 먹고, 지가 해놓고도 누가 해준 것 모양 잘 먹어요. 그게 정말 이상한 게… 한창 크는 나이도 아닌데 뭐든 다 맛있다니까요. 그래서 먹을 때면 언제나 정신 줄을 살짝 놓는 모양새가 되고 마는 거죠. 나라고 뭐… 책에 이런 얼굴이 실리는 게 좋겠어요? 맛있으니까 그런 거죠.

제 캠핑은 일명 '먹핑'입니다. 먹으러 가는 캠핑? 빙고! 바로 그거예요. 아니, 그럼 야외에 자리 깔고 앉아서 뭐 하겠어요? 도 닦아요? 산기도 올리나요? 마냥 먹고 노는 거죠. 배 터지게 먹으면서 뒹굴거리는 것보다 더 신 나는 일이 뭐가 있을까요.

이 파트에서는 제가 만들어 먹는 캠핑 음식들을 소개할 참입니다. 물론, 다채롭습니다. 그리고 쉽습니다. 밖에 나와서까지 복잡하게 그러는 건 너무 진상이니까, 'Easy & Speedy'는 당연지사인 거죠. 어떤 캠퍼들을 보면 마치 호텔 레스토랑처럼 복잡스러운 음식을 척척 해내는 이들도 있기는 하더라만… 저는 아직 거기까지 미치는 수준은 아니랍니다. 대신 흉내만 냅니다. 아무렇게나 막 하지만 결과물은 남부럽지 않게! 이런 게 바로 저의 캠핑 요리 방식이죠. 게다가 태생이 계량을 하지 않고 요리하는 습성이 있어서 요리 레시피가 썩 친절하지는 않습니다. 그래도 봐주세요. 간은 집집마다의 입맛에 맞게 알아서 하시는 걸로!

캠핑을 할 때마다 언제나 다른 요리를 해먹을 필요는 없습니다. 왜냐하면 캠핑이 날이면 날마다 하는 일이 아니니까요. 그래서 저는 캠핑 가면 먹을 수 있는 캠핑 전용 요리들을 공식처럼 준비해 놓기도 합니다. 평소에는 잘 안 해먹는 그런 음식인 거죠. 아니, 의도적으로 안 해주는 거예요. 먹고 싶으면 캠핑 가자, 하는 심정으로 말이에요. 그러면 딱 알아차린 남편이 그래요. "오늘 우리, 삼숙이탕 먹을 수 있겠네. 캠핑하면 그거 먹을 수 있어서 좋더라!" 이렇게요.

앞 장에서도 누누이 강조했지만 캠핑의 즐거움 중 가장 으뜸은 '자연에서 먹으면 다 맛있더라' 하는 것입니다. 채소 안 먹던 아이들도 오이랑, 당근 같은 걸 아이스케키처럼 들고 다니면서 씹어 먹는다니까요. 자연과 동화되어서 그런 거예요. 자연이 아이들을 길들이고 있다는 증거인 셈이죠. 먹고 노는 즐거움. 사느라 끼니 놓치는 일이 다반사인 나와 내 가족들이 모처럼 그 융숭한 대접을 받을 수 있는 자리. 그곳이 바로 산 아래, 강줄기 한켠의, 들판 중심에 터를 잡은 내 가족의 캠핑 사이트입니다. 어디 한번 먹어보자구요. 롸잇 나우!

고릿한 고르곤졸라피자가 익어가는 소리,

갓 구워 낸 피자 위에 루콜라 덮이는 소리,

그리고 싹싹, 접시가 비워지는 맛있는 소리…

COOK & EAT DATA
[야외 주방 놀이를 위한 몇가지 노하우]

씻어오기는 기본, 할 일이 반으로 줄어들어요 예전에 말이죠. 철없이 멋이나 부리고 돌아다니던 그때요. 그때는 친구들이랑 짝지어서 산이나 들로 놀러갈 때 각자 준비해야 할 것들을 분담했잖아요. 너는 고기, 너는 김치, 너는 채소 그리고 너는 남자! 어머머머, 남자는 실수! 어쨌든 그때는 세상 물정에 어두워서 언제나 떠나는 날 아침에 정육점에 들르거나 채소가게에 가서 봉지에다 주렁주렁 담아 들고 갔었죠. 그럼 그게 아주 번거롭더라는 말씀이죠. 물 찾아 내려가서 씻고, 다듬고 하다 보면 귀찮은 마음에 짜증이 모락모락 올라오니까요. 그 시절의 오류를 교훈으로 삼아 저는 언제나 모든 재료의 씻기 과정을 집에서 다 끝낸 뒤 출발합니다. 고기든, 생선이든, 채소든 그 과정만 거쳐서 준비하면 눈 깜짝할 새 뚝딱 조리할 수 있으니까요. 귀찮아도 반드시, 캠핑장에 모셔오는 음식들은 목욕재계의 단계를 거치시라고… 이 연사! 목 놓아 주장합니다.

썰어오기도 필수, 산동네 벌레들은 배를 곯겠지만요 어설픈 도마에 재료들 놓고 썰기 시작한다면 아무래도 버리는 게 많아지죠. 먹이 찾아 이 텐트, 저 텐트 기웃거리는 벌레 녀석들이야 살맛 나는 일이겠지만, 벌레 먹이자고 사람 허기질 수 있나요? 뭘 해 먹겠다고 결정하고 나면 도착해서 곧바로 조리가 시작될 수 있도록 미리 손질을 끝내 가는 것이 좋습니다. 그래야 쓰레기 치우느라 등이 휘는 수고도 줄일 수 있거든요. 죄다 쏟아 붓고 익히기만 하면 먹을 수 있게 준비하는 센스! 놓치지 마세요.

갖은 소스로 프로 흉내 내기, 맛 내느라 고민할 필요 없어요 저는 소스에 필 꽂혀 있는 '뇨자'랍니다. 왜냐? 소스만큼 감각적이고, 탁월한 능력을 지닌 아이템도 없으니까요. 아무도 안 볼 때 천만 번 간을 보면서 소스를 만들어두면 정작 요리할 때 마치 셰프처럼 슬렁슬렁 만들어도 기막힌 맛이 나기 때문이죠. 고기 찍어 먹는 소스, 찌개 다대기, 겉절이 양념장… 용기마다 채워 담은 뒤 라벨 붙여서 가져오세요. 조리 시에 콸콸 붓기만 하면 이게이게~ 최상급의 진품 명품 음식들을 뚝딱 만들어 낸답니다.

음료용 재료는 덤, 없으면 할 수 없지만 있으면 짱이에요 어릴 때요. 소풍 가서 김밥이랑 사이다 먹으면 그렇게 맛있을 수가 없었잖아요. 얼음 샤워시킨 시원한 물만 마셔도 좋았지만, 거기에 달달한 맛이나 톡 쏘는 탄산의 기미가 덤으로 얹어지면 그야말로 꿀맛이었죠. 그때 생각하면서 저는 음료거리들을 다양하게 준비하는 편이에요. 뭐… 파는 주스에 파는 커피도 좋지만, 직접 조제하는 음료의 맛은 기가 찰 정도랍니다. 유자나 귤, 레몬, 오렌지 같은 것들 얇게 썰어서 설탕에 재웠다가 가져오면 물 부어 바로 에이드로 만들죠. 커피는 기본이고, 밤이 들어 살짝 바람 불면 생강절임차도 좋아요. 참! 그러다 밤이 이슥해지면 맥주나 와인은 필수라는 것! 다 아시죠? 애주가 남편을 두셨다면 주류는 넉넉히 준비하세요. 술 찾아 삼만 리, 동네 뒤지는 사람들을 숱하게 보았다니까요.

ROLL & PLAY DATA
[아이처럼 즐기면 더 재밌는 캠핑 놀이]

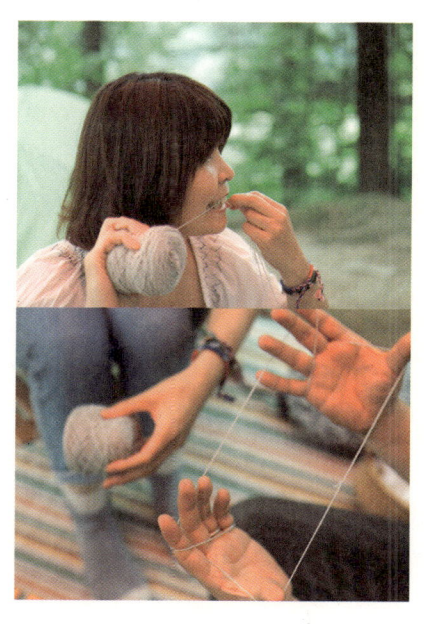

독서는 기본, 그렇다고 아이 참고서까지 가져가는 건 금물이죠 아줌마가 되고 나서는 진짜 책을 안 읽게 되더군요. 유유자적 앉아서 책장 펄럭거리는 일은 꼭 사치처럼 느껴지는 거예요. 게다가 글자가 눈에 들어오기나 하나요? 한 줄 읽으려고 하면 택배 아저씨 오시고, 또 한 줄 읽나 싶으면 국 끓어 넘치고, 한 줄 또 시작하려고 하면 세탁기 종료 벨 울리고…. 그러느라 날로 무식쟁이가 되어가는 여자들이 참 안쓰럽다, 이거죠. 캠핑장에서는 독서의 여유를 만끽할 수 있습니다. 하지만 무거운 책은 금물이에요. 짧은 에세이? 시집? 아니면 『땅굴마님은 캠핑이 좋아』 같은 책? 히히! 뭐 이렇게 가벼운 녀석들은 데려다가 꿀꺽 먹어치울 수 있답니다. 괜히 공자 왈 맹자 왈 그러는 책 가져갔다가는 "니 엄마는 책이 수면제야~" 하는 면박을 당할 수 있으니 주의하세요.

음악은 필수, 핸드폰에 담아가서 백 뮤직으로 틀어두어도 좋아요 언젠가 저희 텐트 옆에 플루트 부는 딸을 대동한 가족이 자리 잡은 적 있었거든요. 석양이 조롱조롱 걸리기 시작하는데 고 어린 아가씨가 플루트를 불기 시작하는 거예요. 아! 그 단아한 선율이라니. 마치 숲 속 음악회 같은 기분이 나서 정말 좋았죠. 그런 기회가 덤으로 주어질 일은 흔치 않으니 잔잔한 뮤직을 준비하세요. 밥 먹고, 책 읽고, 낮잠 자는 시간에도 음악이 주는 행복감은 대단하답니다. 거창할 것 없어요. 핸드폰에 연결할 수 있는 스피커? 그도 안 되면 그저 핸드폰 볼륨을 최대치로 높여서 틀어두는 것도 좋습니다. 단, 묻지마 관광단 같은 뽕짝은 제발 피해 주시길!

영화 상영의 낭만, 극장 구경 부럽지 않은 효과를 볼 수 있어요 캠핑 고수들 중에는 좌~악 펼쳐지는 대형 스크린을 준비하는 경우가 종종 있습니다. 이른바 이동식 상영관이 되는 거지요. 하루 종일 켜져 있던 햇볕 조명이 꺼지고 난 뒤, 바람 솔솔 불어오는 자연에서 상영하는 영화는 그게 꼬꼬마들의 만화영화라도 재미가 쏠쏠하답니다. 어느 집에선가 상영이 시작되면 하나둘, 이웃들이 모여들어서는 이내 미니 극장이 되기도 하지요.
그렇게 거대한 장비 대신 노트북 같은 휴대용 컴퓨터에 좋은 영화 한두 편 담아가서 돌려보는 것만으로도 충분합니다. 그렇다고 19금 영화 같은 걸 숨겨 가실 생각은 아니죠? 암만요!

뜨개질과 바느질은 효과 만점, 현모양처 흉내 내기에 딱 좋아요 캠핑장에서 뜨개질의 역사를 많이 쓰는 편이에요. 그늘에 앉아서 뜨기 시작하면 한나절 만에 뭐가 한 가지 뚝딱 만들기도 하죠. 그만큼 여유로운 시간을 즐길 수 있다는 뜻이니까 생각만 해도 참 낭만적이지 않나요?

스포츠 도구들로 에너지 업, 1년치 운동을 하루에 다 할 수 있죠 배드민턴, 줄넘기, 훌라후프, 공… 어느 집에나 다 있지만 어느 집이나 다 묵혀만 두는 도구들을 챙겨가요. 운동 부족으로 비실비실 지쳐가는 가족들이 몸짱이 될 수 있는 기회랍니다. 남편과 아이들이 함께 뛰며 운동하는 다정한 모습이란… 생각만 해도 보람차지요?

SUPER BARBECUE
[캠핑 요리의 진수, 역시 바비큐 동무는 캠핑당의 꽃이야~요!]

캠핑 힐링 타임의 메인 메뉴
모둠고기채소구이

늦은 오후, 캠핑장 곳곳에 발자국 소리가 분주하다. 저녁 식사를 준비하는 시간이다. 캠핑의 꽃이요, 캠핑 전 시름을 다 잊게 하는 시간이기도 하다. 집집마다 차콜 브리켓에 불붙어 올라오는 뿌연 연기로 가득하다. 숲 속의 고기 향을 못 잊어 캠핑을 한다는 이도 있을 정도. 모두가 그렇게 두런거리는 시간, 그 중심에 모둠고기채소구이가 있다.

삼겹살, 오겹살, 목살, 소시지, 등심, 버섯과 피망을 비롯한 각종 채소. 종류는 취향이나 상황에 따라 선택한다.

1 나는 캠핑 떠나기 하루 전, 삼겹살과 오겹살, 두툼한 스테이크용 등심을 준비해 허브 솔트 솔솔 뿌리고, 월계수 잎 몇 장 툭툭 넣어 냉장실에서 숙성시켰다가 들고 나선다. 물론 함께 구울 채소도 미리 손질하는 것은 기본.
2 고기구이를 위한 필수 과정은 불 피우기. 숯불고기를 위해서는 좀 더 서둘러야 한다. 적당한 세기의 불 위에 올려야 제맛이 나니 말이다.
3 고기구이를 할 때 롯지 삼겹살 전용 철판과 휴대용 버너를 선호하는 편이다. 우리 사이트에 화로대가 등장하고, 숯불 연기로 운치를 더하는 풍경이 더해진다면? 그건 영락없이 손님을 초대한 날이다.
4 전날 시즈닝을 마친 고기와 미리 손질해 물기를 뺀 채소를 꺼낸 후 불판을 달구기만 하면 끝!
5 개인의 취향에 따라 양파, 청양고추, 장아찌와 겉절이 등을 곁들인다.

기다린 시간과 비례하는 맛깔난 풍미
비어캔치킨

비어캔치킨을 시도해 보지 않았다면 캠핑 요리의 메뉴를 다 안다고 말하지 말 것. 물론 집에서 오븐을 이용해 요리할 수도 있지만, 맥주 캔을 재활용하고 숯불을 이용한 내추럴한 조리법을 따라 하다 보면 야영하는 느낌이 제대로 밀려온다. 지리산 자락 달궁 캠핑장에서 시도한 첫 비어캔치킨이 생각난다. 3시간 기다린 보람이 과연 있을지 모르겠다는 남편의 핀잔과 그 핀잔을 싹 가시게 했던 그 풍미라니.

영계(500g), 우유, 올리브오일(엑스트라 버진) 4~5큰술, 다진 마늘 1큰술, 로즈메리, 바질가루(허브 솔트), 소금, 통후추, 캔 맥주, 바비큐그릴

1 영계는 흐르는 물에 깨끗하게 씻은 다음 우유에 30분간 담가 누린내를 제거한다. 캠핑장에서 바로 조리할 때는 이 과정 생략.
2 영계에 다진 마늘, 로즈메리, 바질가루 또는 허브 솔트, 소금, 통후추를 골고루 발라 냉장실에서 하루 동안 숙성시킨다. 캠핑장에서는 시즈닝 과정을 생략해도 무방하다.
3 영계는 빈 맥주 캔에 세우듯이 1/3 정도 꽂는다.
4 숯불을 피운 그릴에 ③을 얹고 뚜껑을 닫는다.
5 20~30분마다 올리브오일을 덧바른다. 그래야 겉면이 타지 않고, 영계 껍질이 바삭거린다.
6 모든 과정을 마친 후에도 잘 익지 않은 부분은 쭉쭉 찢어 직화 구이 한다.

이것만큼은 정확한 레시피를 장담할 수 있다는
닭날개구이 & 데리야끼소스

닭 날개 20개, 우유 200㎖, 바질가루·로즈메리 1큰술씩, 소금·통후춧가루 1/4큰술씩, 밀가루(박력분) 1/2컵

데리야끼소스_ 양파 1개, 대파 1뿌리, 생강 1톨, 마늘 6톨, 통후추 10알, 진간장 300㎖, 맛내기술 100㎖, 청주 150㎖, 설탕 60g, 물엿 60g

1 닭 날개는 깨끗이 씻어 물기를 빼고, 우유에 20분간 담가 누린내를 없앤다.
2 우유에 담가 놓았던 닭 날개는 흐르는 물에 씻은 다음 체에 건져 물기를 뺀다.
3 볼에 닭 날개를 담고, 분량의 바질가루, 로즈메리, 소금, 통후추 간 것을 넣고 섞은 다음 밀폐용기에 담아 하루 정도 냉장고에서 숙성시킨다.
4 재워둔 닭 날개는 밀가루에 굴려 가볍게 옷을 입힌다.
5 ④를 달군 그릴 위에 올려 30~40분 정도 노릇하게 굽는다.
6 데리야끼소스는 분량의 진간장, 맛내기술, 청주, 설탕, 물엿을 볼에 담아 섞는다.
7 양파, 대파, 생강, 마늘은 큼직하게 썰고, 통후추와 함께 ⑥에 넣어 끓인다.
8 ⑦을 센불에서 시작해 끓어오르면 중불로 줄이고, 처음 분량의 반이 될 때까지 졸인다.
9 졸인 소스는 건더기를 체에 걸러 밀폐용기에 담아 뜨거운 김이 빠지면 냉장실에 보관한다.
10 구운 닭 날개는 볼에 넣고 데리야끼소스를 골고루 묻힌다.

텃밭을 그대로 옮겨온 듯…
봄나물겉절이

계절을 타는 메뉴지만 봄철 캠퍼들을 위해 소개하기로 한다. 게다가 텃밭에서 날마다 쑥쑥 자라는 녀석들을 그대로 방치할 수 없으므로 부지런히 소진해야 한다. 손님을 초대한 캠핑 때 거짓말 보태서 두 양푼 무쳤는데도 금세 동이 났다. 고기구이와 함께 먹으면 느끼한 맛 가시고, 입맛 돋우는 전채로도 잘 어울린다. 양념을 미리 준비해 남은 상추와 채소를 넣고 버무려도 상관없다. 뭐든 바로 해먹으면 다 맛있다.

참나물, 방풍나물, 미나리 잎, 달래 등 봄나물 적당량
겉절이 양념(2인분 기준)_ 매실청 3큰술, 피시 소스·식초·고춧가루·들기름·다진 마늘 2큰술씩, 통깨 1큰술

1 나물류는 집에서 미리 씻어 물기를 쏙 빼서 냉장 보관해 둔다.
2 겉절이 양념도 미리 만들어 밀폐 용기에 담아둔다.
3 캠핑장에서는 준비해 온 나물들을 들기름으로 먼저 버무려 놓으면 먹는 동안 숨이 죽지 않는다. 여기에 겉절이 양념을 모두 넣어 즉석에서 버무리면 완성.

과수원 며느리의 참맛, 손맛
장아찌 & 쌈장

고기 먹을 때 곁들이면 엄지 번쩍! 메뉴인 양파 장아찌와 쌈장. 물론 쌈장은 마트 가서 홀딱 집어와도 상관없지만 장맛 소문난 과수원집 며느리 땡굴마님이라면 장아찌와 쌈장은 직접 만들어야 마땅하다. 고기 맛도 잊게 하는 장아찌와 양념 쌈장.

양파 장아찌_ 양파·청양고추 2개씩, 간장 4큰술, 식초·매실청·물엿 2큰술씩, 설탕 1큰술, 물 1/2컵

쌈장_ 된장 6큰술, 고추장 3큰술, 다진 마늘 1큰술, 매실청 1/2큰술, 통깨 약간, 호두·아몬드·캐슈넛·마카다미아 등 다진 견과류 6큰술

1 장아찌는 캠핑 하루 전날 준비한다. 양파는 물기를 제거한 후 한입 크기로 자르고, 청양고추는 링 모양으로 송송 썬다.
2 분량의 간장, 식초 매실청, 물엿, 설탕, 물을 넣고 섞어 양념장을 만든다.
3 미리 손질한 양파와 청양고추에 양념장을 부은 다음 냉장실에 하루 동안 보관한다.
4 쌈장은 분량의 된장, 고추장, 다진 마늘, 매실청, 통깨, 다진 견과류를 한데 섞어 버무린다.

LIQUOR & SIDE DISH
[바비큐 요리에 빠질 수 없죠! 낭만 음주 타임을 위한 별미들]

맥주, 와인 안주의 별미
소시지채소꼬치구이

꼬치에는 무엇을 꿸지 법으로 정해져 있는 건 아니니까. 식사 대용이라면 갖가지 소시지를 잔뜩 끼워 구워도 좋고, 소시지 없이 채소만 꿰어 구워도 담백하다. 아이들과 함께라면 마시멜로도 인기 재료 중 하나. 땡굴마님은 '깔' 맞추는 것이 중요하니까 재료 선정에 신경 쓰는 편. 식사 후 안주 메뉴이므로 채소 위주의 가벼운 것이 좋다.

소시지, 양파, 피망, 파프리카, 버섯 등의 채소, 케첩, 머스터드소스, 씨겨자 소스 등 취향에 맞게 준비. 올리브오일, 소금, 후춧가루

1 소시지는 칼집을 넣고, 양파, 피망, 파프리카, 버섯 등은 한입 크기로 잘라서 밀폐 용기에 담아 준비한다. 물기를 빼서 담아야 무르지 않는다.
2 기왕이면 컬러를 맞춰 꼬치에 끼운 후 그릴에 굽는다. 피망 대신 고추와 브로콜리도 컬러를 맞춰 끼워 구워도 맛있다.
3 꼬치를 그릴에 올려 구울 때 간간이 올리브오일을 바르거나 소금, 후춧가루를 뿌린다.
4 케첩, 머스터드, 씨겨자 등의 소스에 찍어 먹는다.

한겨울 추위도 끄떡없다! 마음 녹여주는 착한 음식
쇠고기토마토스튜

화로대의 불기운이 점점 사그라질 즈음, 스튜가 익어간다. 한 시간 이상 은근한 불에서 뭉근히 끓여야 제맛이 나기에 일단 고기구이를 먹으면서 미리 불에 올리는 것이 방법이다. 뜨끈한 국물, 훈훈한 건더기가 생각나는 쌀쌀한 캠핑장에서 와인 안주로 최고다!

쇠고기(사태), 토마토, 감자, 고구마, 가지, 새송이버섯, 브로콜리, 올리브오일 1/3컵, 소금, 후춧가루, 레드 와인

1 쇠고기는 두툼하고 큼직큼직하게 사각으로 썰고, 토마토, 감자, 고구마, 가지, 새송이버섯, 브로콜리 등의 채소는 쇠고기와 비슷한 크기로 썬다.
2 더치 오븐(두꺼운 냄비)에 올리브오일을 두르고 달군 후 쇠고기, 소금, 후춧가루, 레드 와인(없으면 생략)을 넣고 고기가 익을 때까지 볶는다.
3 쇠고기의 겉면이 살짝 익으면 감자, 고구마를 넣고 표면이 익을 때까지 볶는다.
4 ③에 토마토, 가지, 새송이버섯, 브로콜리를 넣어 타지 않게 볶는다.
5 ④에 재료가 자작하게 잠길 정도의 물을 붓고 뚜껑을 덮어 약한 불에서 뭉근하게 끓인다.
6 취향에 따라 페페론치노(매운 이탈리아 고추)를 채소 넣을 때 함께 넣어주면 칼칼한 스튜가 된다.

동네방네 사람들 다 모여도 문제없다!
닭백숙

어릴 적 우리 집 캠핑 메뉴에서 빠지지 않던 것이 바로 고추장돼지고기찌개와 닭백숙이었다. 그중 생각나서 시도해 본 닭백숙. 재료와 조리법이 간단해서 좋고, 10명 이상 단체 손님을 위한 식사 겸 술안주로도 문제없다. 어쩐지 제대로 된 음식을 차려낸 것 같은 뿌듯함이란! 단지 시간이 오래 걸리니 인내심을 가지고 시작해야 한다거나 연료를 충분히 준비해야 하는 정도의 단점 정도가 문제랄까?

닭(백숙용), 마늘, 대추, 인삼, 황기, 찹쌀

1 마늘, 대추, 인삼, 황기를 면보에 넣고 찬물에서부터 끓이다가 중불로 뭉근하게 우린다.
2 ①에 잘 씻은 닭과 면보에 넣은 불린 찹쌀을 넣고 팔팔 끓인 후 약불로 은근하게 끓인다.
3 닭은 건져내어 고기로 먹고, 국물에 찹쌀밥을 곁들여 먹는다.

GOOD MORNING
[둥근 해가 떴습니다. 일어나세요, 아침 먹어야죠!]

조금 번잡해도 제대로 드립, 핸드드립!
모닝커피 & 빵

아침에 내리면 모닝커피, 식후에 마시면 디저트, 찬바람에 몸 녹이려면 야외 다방 메뉴. 땡굴마님 캠핑에 단 한 번도 빠진 적 없는 메뉴가 바로 드립 커피다. 야외에서 즐기는 드립 커피는 어느 순간에도 실망시킨 적이 없다. 장비가 다소 복잡해도 이 녀석들을 도저히 집에 버려두고 갈 수 없는 이유가 여기 있다. 드립 커피 만드는 순서가 따로 있는 것은 아니지만 자세한 설명을 더한다.

취향에 맞춰 준비한 원두, 드립 서버 대용 오일 포트, 종이 필터, 주전자, 마들렌느, 모닝 빵 등

1 핸드 드립 커피 도구를 장착하고, 더불어 길가에서 '득템'한 들꽃으로 테이블 세팅을 완료한다.
2 세수와 양치도 안 한 내추럴한 상태로 스토브에 물을 올린 후 정신을 차린다.
3 유리 서버는 야외에서 위험하므로 스테인리스 스틸 오일 포트로 대신, 드리퍼에 필터를 끼운 후 원두를 넣어 졸졸졸, 향만으로도 만족스러운 원두커피를 완성한다.
4 마치 일급 호텔에서처럼 근사한 잔에 정성껏 내려앉은 캠핑장 드립 커피. 미리 준비한 빵과 함께 아침 식사를 즐긴다.

땅굴마님표 대표 아침 식사
웨지감자구이 & 달걀프라이

하루를 자든 이틀을 자든, 손님이 함께 하든 우리 부부 단둘이든… 빠지지 않고 등장하는 땅굴마님네 아침 메뉴. 자고로 아침 메뉴는 그 무엇이든 간단한 것이 장땡. 스피디하면서 비주얼은 물론 커피와 잘 어울리는 아메리칸 스타일 브런치로 아침 식탁이 풍성하다.

감자, 올리브오일, 소금 또는 허브 솔트, 후춧가루, 바질가루, 달걀, 베이컨

1 감자는 껍질을 깎아 웨지 모양으로 듬성듬성 썬다.
2 감자는 끓는 물에 3~5분 정도 삶은 후 팬에 구우면 조리 시간을 단축할 수 있다.
3 ②에 올리브오일, 소금, 후춧가루, 바질가루를 뿌려 10분간 재운다.
4 달궈진 팬에 ③을 올리고 중불로 뒤집어가며 타지 않도록 굽는다.
5 구운 감자에 달걀프라이, 구운 베이컨을 함께 곁들이면 야영장에서 근사한 브런치 완성.

재료는 간단, 맛 내기는 설렁, 맛은 개운!
스팸김치찌개

"전날 과음하셨어요? 그렇다면 스팸김치찌개로 모시겠습니다!" 속 시끄러운 상태에서는 달걀 프라이와 감자구이는 절대 모양새가 안 난다. 이때는 스팸 듬성듬성 썰어 넣은 김치찌개가 궁합이 맞다. 언제 어떻게 쓰일지 모르는 신 김치는 늘 준비해 가는 것이 좋다.

스팸 1캔, 잘 익은 신 김치 적당량, 올리브오일 약간

1 팬에 오일을 두르고, 김치와 스팸을 달달 볶는다.
2 ①에 물을 붓고 팔팔 끓이다가 중불로 낮춰 뭉근하게 끓인다.

소문난 동네 포장마차 아줌마도 울고 가더라
어묵탕

아침 식사용이 아니어도 좋다. 매운 건 고추 약간만 넣으면 술안주로도 좋고, 출출할 때 간식으로도 잘 어울리는 메뉴. 땡굴마님 어묵탕에 반드시 들어가는 재료 중 하나가 유부주머니. 한두 가지 특별한 재료로 메뉴가 풍성해진다.

물 3컵, 다시마 1장, 쓰유 1큰술, 다양한 모양의 어묵, 유부주머니, 매운 건 고추 약간

1 물에 다시마를 넣은 후 끓어오르면 건진다.
2 ①에 쓰유를 넣어 간을 맞추고, 어묵과 유부주머니를 넣어 한소끔 끓어오르면 취향에 따라 매운 건 고추를 넣어 얼큰한 어묵탕으로 즐긴다.

SPEEDY INTERVIEW 4
땅굴마님, 마님 레시피에는 왜 정확한 계량이 없나요?

계량이요? 있어요! 왜 없겠어요! 하지만 '정혼-한?' 그게 좀 자신 없긴 하죠. 요리 선생님 같은 그런 규격화된 계량이라면… 없어요. 제 블로그〈그곳에 그집〉에서도 참 많은 질문을 받았어요. "마님, 마님, 그 요리 레시피 어떻게 돼요?" 그때마다 입을 꾹 다물고 있었던 건요. 요리책 내려고? 아님 비밀로 하려고? 아님 딸아이 생기면 물려주려고? (절래 절래) 사실은요, 그냥 먹으려고 만든 것인데다 저는 원래 계량 없이 요리를 하거든요. 저만의 계량을 메모해 두려고 노력하지만 천생, 노인네들 양념하듯 하는 버릇이 남아 있어서 쉽지가 않았어요. 이번에 캠핑 책 내면서 그 레시피 때문에 딱 걸린 거죠. 담당 에디터가 아주 야단야단이었거든요. 별수 있겠어요. 다시 만들어보는 수밖에요. 집에서 캠핑장을 벌였죠. 캠핑 메뉴를 만들고 계량하고, 먹고, 다시 만들고, 계량하고…. 원래는 그냥 넣어요. 소금 통 흔들어 넣고, 매실청 적당히 덜어 넣고, 후춧가루, 바질가루 그냥 보기 좋게…. 좀 싱겁네, 싶으면 소금 좀 더 넣고, 뭔가 부족한데, 싶으면 후춧가루 넣어보고…. 순전히 손맛과 입맛으로 만드는 걸 갑자기 계량을 내놓으라니! 어쨌든 에디터와 실랑이 끝에 2% 부족한 레시피를 완성했어요. 제가 재료는 다 표기했거든요. 규칙 없는 게 캠핑의 매력이잖아요. 재료가 좀 바뀌어도 괜찮아요. 그러니 재료 준비하셔서 짜게 먹든, 싱겁게 먹든 저마다 취향껏 만들어 먹는 것은 어떨까요? 그래도 얼추 비슷한 맛이 나도록 계량 표기해 두었으니 적당히 참고하시고요. ^^;;

애 어른 할 것 없이 다 잘 먹는 국민 메뉴
냉이된장찌개

다양한 메뉴의 양념이 되는 양념 된장. 찌개를 끓일 때 계절에 따라 장소에 따라 메인 재료를 달리하면 특별한 맛을 즐길 수 있다. 봄에는 냉이, 해변 캠핑장에서는 해산물, 때에 따라서는 된장만 넣고 끓여도 국물 요리로 손색이 없다.

감자 2개, 양파 1/2개, 냉이 · 청양고추 약간씩, 된장 2큰술, 두부 1/3모

1 감자, 양파, 냉이, 청양고추 등의 채소는 찌개용으로 미리 손질해 용기에 담아가면 편리하다.
2 찬물에 분량의 된장을 풀고, 국물이 끓으면 감자, 양파, 냉이를 넣어 팔팔 끓이다가 마지막에 청양고추와 두부를 넣고 한소끔 끓인다.
3 계절에 따라 냉이는 생략해도 좋다.

시판 메뉴의 놀라운 변신
나가사끼짬뽕

일명 땡굴마님표 해장 라면. 겉모습만 보고는 누구도 시판 라면으로 시도한 요리라는 것을 모를 정도. 그 감쪽같은 비주얼의 비결은 풍성한 대파 채와 마른 김이다. 나가사끼짬뽕의 칼칼하고 시원한 맛에 대파와 마른 김, 그리고 짬뽕 속에 숨어 있는 반숙까지…. 처음 맛본 이들의 만족스러운 표정에 용기를 얻어 땡굴마님이 늘 준비하는 단골 메뉴이기도 하다.

나가사끼짬뽕(시판 인스턴트 라면), 채 썬 대파(흰 부분), 구운 김밥 김, 달걀

1 대파의 흰 부분은 채 썰고, 구운 김은 도시락 김 크기로 자른다.
2 시판 나가사끼짬뽕은 조리법에 따라 끓인다.
3 불을 끄기 2분 전 달걀을 떨어트린 후 반숙이 되도록 젓지 않는다.
4 그릇에 반숙 달걀과 나가사끼짬뽕을 담고, 채 썬 대파를 소복하게 올린 후 김 자른 것은 옆구리에 쿡! 찔러 넣으면 색다른 나가사끼짬뽕 완성.

비상용 상비 메뉴
누룽지탕

누구나 쉽게 접근하는 캠핑 단골 메뉴지만 의외로 미리 챙겨가지 않아서 아쉬운 때가 많은 재료가 바로 누룽지다. 양념과 간을 하지 않으면 아침 메뉴가 되고, 해산물을 곁들이면 누룽지탕이 되므로 캠핑할 때 늘 마땅한 메뉴 없을 때 큰 도움이 된다.

누룽지 또는 찬밥 1공기, 물 500㎖

1 누룽지를 준비해 오지 않았다면 찬밥으로 누룽지를 만든다. 달군 팬에 밥을 올린 후 물 2~3큰술을 밥에 뿌린다.
2 일회용 장갑을 끼고 손으로 꾹꾹 눌러가며 얇게 펴서 모양을 잡는다. 약한 불에서 노릇노릇하게 구워야 맛있다.
3 누룽지에 분량의 물을 붓고 센 불에서 끓이다가 약한 불로 줄여 뭉근하게 끓이면 완성.

EASY & SPEEDY COOK 1
[한 가지 기본 재료로 3가지 요리를 척척! 술안주로도 맞춤이죠]

3분 만에 완성하는 특제 레시피
크래미샐러드

캠핑 기간이 2박 3일만 돼도 식사 준비가 만만치 않다. 이때 캠퍼들이 자주 활용하는 방식이 한 가지 메인 재료를 준비한 다음, 그것을 활용해 서너 가지 메뉴를 만드는 것. 시판 〈크래미〉를 활용하면 샐러드를 만든 후 김밥, 카나페, 샌드위치 3가지 메뉴를 완성할 수 있다. 땡귤마님표 특제 샐러드는 조리법도 간단하고, 들어가는 재료가 많지 않아 캠핑장에서 쉽게 만들 수 있고, 미리 넉넉하게 만들어 놓으면 두루두루 활용할 데가 많다.

크래미(시판) 1봉지, 다진 양파·다진 피클 1큰술씩, 마요네즈 2큰술, 후춧가루 약간

1 크래미는 잘게 찢고, 양파와 피클은 다져서 준비한다.
2 큰 볼에 ①을 담고 마요네즈와 후춧가루를 넣어 고루 버무린다.
3 미리 넉넉하게 만들어 두었다가 캠핑장으로 go! go!

김 위에 밥 올리고 크래미샐러드 올리고!
크래미샐러드김밥

금강산도 식후경. 캠핑장에 도착했지만 출출한 기운 때문에 텐트를 치기엔 역부족. 이때 크래미 재료를 미리 준비해 놓았다면 후다닥 만들어 먹기 좋은 메뉴다.

즉석 밥, 구운 김밥 김, 깻잎, 크래미 샐러드

1 끓는 물에 즉석 밥을 데운다.
2 마른 김 위에 즉석 밥을 골고루 펼친다.
3 밥 위에 깻잎 2장을 올린 후 크래미 샐러드를 넉넉히 얹고 김을 만다.

크래커 위에 크래미샐러드 올리고!
크래미샐러드카나페

크래커를 곁들여 아이들 간식으로 활용하거나 치즈와 올리브를 더하면 와인 안주로도 잘 어울린다. 샐러드와 각각의 재료를 준비한 다음 크래커에 올려 즉석에서 만들어 먹는 재미가 쏠쏠하다.

슬라이스 치즈, 올리브, 크래미 샐러드, 참크래커(시판, 또는 단맛이 없는 담백한 크래커)

1 치즈는 크래커보다 조금 작게 썰고, 올리브는 반으로 자른다.
2 크래미샐러드, 크래커, 손질한 치즈, 올리브 등 카나페 재료를 한데 준비한다.
3 크래커 위에 치즈를 올린 후 취향에 따라 크래미 샐러드를 얹고, 슬라이스한 올리브를 올리면 완성.

빵 속에 크래미샐러드 끼우고!
크래미샐러드미니샌드위치

아침 식사 대용은 물론 간식으로도 손색없는 메뉴. 빵과 샐러드만 있으면 3분 만에 완성되는 초스피드 요리.

모닝 롤, 로메인(또는 양상추, 상추), 크래미 샐러드

1 모닝 롤은 끝부분을 2cm 정도 남기고 반으로 가른다.
2 로메인, 양상추, 상추 등을 깐 다음 크래미 샐러드를 채운다.

EASY & SPEEDY COOK 2
[비빔국수, 냉우동, 특제 피자까지! 없는 게 없네, 에헤라디야~]

맥주 안주는 물론 아이들 간식으로도 으뜸
골빔면

골뱅이와 비빔면이 만난 일명 '연애면' 되시겠다. 시판 통조림 골뱅이와 비빔면을 합쳐서 비비기만 하면 되는데… 살짝 민망한 생각이 든다면 얇게 채로 썬 깻잎과 대파 등을 듬뿍 올려주면 모양 빠질 일 없다. 라면 속 비빔장만으로는 살짝 싱거울 수도 있으니 그럴 때는 고추장 조금 더 넣어주는 걸로!

대파, 오이, 양파, 깻잎, 비빔면, 골뱅이 통조림

1 대파, 오이, 양파, 깻잎은 집에서 미리 채 쳐서 준비해 간다.
2 비빔면은 삶아서 면을 찬물에 헹궈낸다.
3 ②에 골뱅이 통조림, 준비해 간 채소, 양념 수프를 넣고 골고루 버무린다.

한겨울 캠핑에 내놓으면 남편한테 혼~나요
냉우동

한겨울 추위만 아니라면 만사형통이다. 우동면 삶고, 물에 희석한 쓰유 붓고, 살짝 데친 어묵과 채소만 올려주면 끝.

쓰유(시판) 또는 국시장국(시판 가쓰오 국물), 물 3컵, 우동 생면, 어묵, 어린잎 채소

1 냄비에 분량의 물을 붓는다.
2 쓰유에 분량의 물을 희석하거나 국시장국에 물을 희석한다.
3 우동면과 어묵은 삶아 찬물에 헹군다.
4 ③을 그릇에 담은 뒤 얼린 국물을 붓고, 어린잎 채소를 올린다.
 우동 국물은 겨울에는 끓여 먹고, 여름에는 용기에 얼려두었다가 쿨러에 담아가 부어서 바로 먹는다.

이웃 텐트에서 부러워하며 넘보는 간식
고르곤졸라또띠야피자

둘이 먹다 셋이 쓰러져도 모를 기막힌 맛을 손쉽게 즐길 수 있다. 시판 또띠야 위에 치즈 살살 뿌려서 팬에 구운 뒤 루콜라, 혹은 아무 채소나 듬뿍 올리면 끝! 달콤한 꿀을 폭폭 찍어 먹으면 입은 만세를 부르며 좋아하고, 몸은 퉁퉁 살이 찌면서 슬퍼한다.

또띠야, 고르곤졸라치즈, 모차렐라치즈, 루콜라 (또는 어린잎 채소), 꿀

1 기름을 두르지 않은 팬에 또띠야를 올린 후 약한 불에서 앞뒤로 살짝 굽는다.
2 구운 또띠야에 고르곤졸라치즈를 약간 뿌리고, 모차렐라치즈는 또띠야 밖으로 흘러나오지 않을 정도로 넉넉하게 뿌린다.
3 뚜껑을 덮고 약한 불에서 치즈가 녹을 때까지 굽는다.
4 ③을 그릇에 담고, 루콜라나 어린잎 채소를 수북하게 올리고, 꿀을 찍어서 먹는다.

115

PLAY, PLAY! 캠핑장에서는 언제나 노는 여자가 되지요 **눈누난나, 룰루랄라!**

C A M P
C A M P
CAMPING

"엄마, 나가서 놀다 와도 돼요?" 아이들이 묻습니다. 네, 그렇죠. 노는 건 나가서 노는 거죠. 아무리 집이 좋아도 집에서는 노는 데 한계가 있기 마련이니까요. 〈에프북〉 김연 에디터는 '콧구멍에 바람 쐰다'고 표현하더군요. 그 말이 딱 맞는 것 같아요. 자연을 온몸에 흠뻑 입고 돌아오면 무거웠던 심신이 한결 가벼워지는 것 같거든요. 캠핑 가면 별거 다 합니다. 뜨개질, 바느질, 수다질, 남편과 연애질까지! 어떠세요? 마냥 신 난 게 보이지 않으세요?

6
[FINAL CAMPING]

띵굴마님! 특히 기억에 남는 캠핑 있어요?
바람 귀신에 홀렸던 '제주도 푸른 밤'이요!

비행기에 텐트 싣고 갔던 거예요? 바다 옆구리에 그 텐트 치고요?

노을은 지고요, 파도는 노래하고요? 말이랑 해녀 아줌마랑 다람쥐, 다람쥐하고요?

네? 멀쩡한 텐트 놔두고 차에서 웅크리고 잤다고요? 왜요, 왜요?

띵굴마님, 제주도에서 대체 무슨 일이 있었던 거죠?

몰라요!

이제 저희 캠핑 이야기가 막바지를 향해 가고 있군요. 그렇다면 빠뜨릴 수 없는 한 가지, 아주 진한 추억이 남아 있죠. 그것은 바로바로 제, 주, 도! 대한민국의 자랑스러운 섬, 제주 아일랜드 되시겠습니다.

지난여름, 저희 부부는 하다하다 제주도까지 날아갔습니다. 집 가까운 곳에 위치한 캠핑장은 이력이 붙어 싫증 나고, 어지간한 숲이란 숲 하며 산이란 산, 계곡이란 계곡은 별로 새롭지 않고… 하여 좀 멀리 떠나보자 했던 거지요. 처음에는 배에다 차를 싣고 갈까도 고민해 보았습니다만, 알아보니 차의 몸값이 만만치가 않더군요. 포기했죠. 사람보다 더 높은 몸값을 치르면서까지 차를 대동해야 할 이유가 없었으니까요. 비행기 타고 갔습니다. 꿈과 야망을 흠뻑 품은 채로. 생각만 해도 그림이 나오지 않나요? 천지에 바다가 널린 그곳에 우리 자리 하나, 떡하니 마련하는 것 말이죠.

바다의 숨소리까지 들리는 곳에 텐트를 치자. 바람? 불겠지. 시원하겠지. 에어컨 같은 인공 바람과 비할 수 있겠어? 돌? 많겠지. 등 좀 배기겠지. 그럼 어때? 안마 되고 좋지. 여자? 많겠지. 하지만 괜찮아. 까만 비닐 옷으로 무장한 해녀 아줌마들이 대부분일 테니 나도 뭐 썩 꿀리지는 않을 거야. 파도 소리 들으면서 고기 썰어야지. 와인 잔 부딪치면서 콧소리 애교 작렬 대화로 남편을 홀려야지. 파도 소리를 음악인 듯 베고 누워서 잠을 청하는 거야. 깊고도 따뜻한 잠을…. 하! 꿈이 무진장 깊었답니다.

하지만 꿈은 도착하기가 무섭게 허공으로 흩어졌습니다. 한적한 바다를 찾아가는 데까지는 성공했습니다만, 바람이 어찌나 심하던지 텐트가 날아갈 지경이네요. 텐트만 날아가나요? 고기도 날아가고, 모자도 날아가고, 저도 날아가겠죠.

그래도 꾸역꾸역 텐트 치고 자리를 잡았는데 그 밤… 잠을 이룰 수가 없었습니다. 바람이랑 파도가 고래고래 소리를 지르면서 귀를 후벼 파는 통에요. 결국 멀쩡한 텐트 놔두고 둘이서 차로 피신해서 웅크린 채 잠을 잤다니까요. 나중에 물어보니 귀마개를 하고 자야 한다더군요. 제주 캠핑에는 귀마개가 필수라고요. 아놔!

하지만 좋았습니다. 시장 순례해서 사냥한 싱싱 해물들로 보글보글 찌개 끓여 영양 보충하고, 비타민 C의 보고인 귤 맛도 제대로 보고, 건어물 장보기로 냉장고도 그득하게 채울 수 있었으니까요. 그리고 무엇보다 바람에 홀려 밤잠 설쳤던 쓰라리고도 달달한 추억을 만들 수 있었으니까요. 그 얘기를 시작하겠습니다.

캬아! 정말 그림 좋~지 않습니까? 바다와 사람이 혼연일체가 되었잖습니까?

이때까지만 해도 바람과 파도가 우리를 그렇게 괴롭힐 줄은 몰랐다니까요!

BEFORE JEJU ISLAND
[배에다 차를 싣고 떠나볼까? 그냥 비행기 탈까? 고민이 많았지요]

호기심도 많고, 하고 싶은 것도 많고, 마음먹은 일이 있으면 꼭 해야 하고…. 아, 나는 참으로 별난 성격이다. 아직 우리에게는 뭍 위 아래로 훑어볼 캠핑장이 쌔고 쌨거늘 기어코 섬으로 캠핑을 떠났으니 말이다. 그것도 우리나라에서 가장 멀고 큰 섬. 일단 성수기는 피하고, 초행에다 여행 기간이 짧으니까 불편해도 차는 두고 비행기를 타고 가는 걸로. 최대한 짐을 줄이고, 식재료는 현지에서 조달하기로!

그런데 의외로 제주 캠핑을 즐기는 사람들이 많았다. 나름 후기도 부지런히 읽고 공부도 많이 했다. 뭐든 시작하기 전, 공부(?)부터 하는 건 우리 부부의 특징이니까. 그래서 꼼꼼히 준비한 만큼 제주 캠핑이 좋았을까? 아, 제주도의 푸른 밤은 우리에게 무엇을 남겼을까? 흠… 그 시시콜콜한 이야기들을 한번 시작해 볼까?

SPEEDY INTERVIEW 5
땅굴마님, 제주도 캠핑 갈 때 장비는 어떻게 해요?

야영을 해야 하니까, 가져가야죠. 야영장에 장비가 다 갖춰져 있는 글램핑을 선택하는 방법도 있지만 그건 캠핑의 제맛이 아니니까요. 대신, 개인 장비를 가져갈 때는 짐을 최대한 줄여야 해요. 비주얼 감성 캠핑의 추종자(?)인 저로서는 짐을 많이 덜어내야 해서 살짝 아쉬웠지만요. 하지만 오션 뷰 캠핑이잖아요. 감수해야죠!

비행기에 무료로 실을 수 있는 짐 무게는 1인당 15kg. 우린 두 명이니까 30kg을 넘길 수 없었거든요. 1kg당 2천원 추가 부담, 10kg이면 2만원을 더 내야 해요. 10kg은 금세 넘어가요. 예를 들어 투 버너 스토브가 7~8kg 내외니까 대충 짐작이 가죠? 여차저차 하다가는 30kg이 훌쩍 넘어가게 된다니까요. 그러니 주의해야죠.

저는 제주 캠핑 준비물을 이렇게 챙겼어요. 텐트, 캠핑 의자, 구이용 팬, 샤브 냄비로 최소화하고, 컵, 그릇, 수저 등은 각각 두 개씩, 투 버너 스토브와 테이블, 타프, 쿨러는 생략하는 것으로 짐을 줄였죠. 투 버너 스토브는 휴대용으로, 테이블은 철재 쿨러 받침대로 대체했어요. 접이식 선반은 한 개로 줄이고, 보관할 장소가 없으니 식재료는 그날그날 재래시장에서 장을 봤어요. 혹 감귤이나 해산물 등을 쇼핑했다면 무조건 택배로 이동하는 거죠. 이렇게 하면 돌아올 때는 오히려 짐이 줄어들어요.

1 우리에게 필요한 모든 캠핑 장비는 대형 다용도 백 2개에 모두 꾹꾹 눌러 담았다. 땅굴마님네 장비들이 처음으로 비행기 타고 여행을 떠나던 날, 공항에서.
2 비행기를 타면 창 너머로 보이는 비행기 날개 끝. 익숙한 앵글이다. 하지만 어디로 떠나든 설렘을 선물하는 고마운 장면이기도 하다. 저 구름 너머 우리를 기다리는 제주가 이제 코앞이다.
3 제주 캠핑의 꽃(?)이라고 할 수 있었던 우도 비양도 언덕. 저 너른 들판과 바다는 보는 것만으로 가슴이 트인다. 마치 별 쏟아지는 사막의 밤처럼 우리만의 밤을 기대해도 좋을 듯.
4, 5 제주 바람을 얕보고 아직은 절경 속에 폼(?) 잡고 앉아 있는 철없는 우리 부부.

MEMORIES OF WINDY SEA
[아! 바다가 지척에 있었죠. 눈물이 날 뻔했어요. 좋아서? 글쎄요]

1 정해진 자리도 없고, 그늘도 없지만 모든 것을 맞바꿔도 좋을 오션 뷰가 있는 우도의 비양도.
2 겉으로는 평화로워 보이지만 2시간째 텐트를 치고 있어서 속이 말이 아닌 땅굴 마님의 남편.
3 '자연과 하나 될 때 진정한 캠핑의 맛을 느낄 수 있다'는 말이 떠오르는 풍경.
4 새로 장만한 캠핑 의자가 비양도 언덕에서 빛을 발한다.
5 석양을 마주한 캠핑장에서 와인은 필수.
6 캠핑장 분위기에 어울리도록 최대한 간단하게 차려낸 고기구이 상차림.
7 차에서 자는 한이 있더라도 다시 오기로 다짐하게 만드는 비양도의 석양.

비행기에 큰 짐 싣고 떠났지만 제주에서 우리에게 주어진 시간은 겨우 3박. 그중 2박을 야영장에서 보내기로 하고 마지막 하루는 여독을 풀기 위해 텐트를 접었다. 제1 야영장은 섬 속의 섬 우도. 그중에서도 캠퍼들이 바람을 무릅쓰고 텐트를 치는 곳, 비양도. 다행히 차에 짐을 실은 채 우도로 갈 수 있어 거뜬한 마음으로 출발, 비양도 너른 풀밭 캠핑장에 도착했다. 말 친구가 유유히 풀을 뜯고, 건물 하나 없는 전경은 그야말로 절경이 따로 없었다. 정해진 사이트도, 전기도, 식수도 없이 달랑 화장실 하나 있는 비양도를 사람들이 추천하는 이유는 무엇일까. 그것은 완벽히 적막한 곳이 그리 많지 않기 때문이 아닐지.

텐트를 치기 시작했다. 텐트를 치기 시작한 지 한 시간째, 아직도 자리를 잡지 못하고 바람에 쓸려 다니던 남편은 쓸쓸한 표정으로 먼 바다를 바라보길 또 한 시간째. 우여곡절 끝에 텐트를 고정시켰다.

서둘러 고기를 구웠다. 바람막이는 필수. 그럼에도 불구하고 바람이 잡아먹은 화력 때문에 30분도 넘게 구워 스테이크 몇 점 입에 넣었다. 와인 잔 손에 들고 바다를 향해 나란히 앉은 우리는 '괜찮다, 괜찮다. 제주는 원래 바람이 많지 않은가', 서로를 위로하며 석양을 즐겼다. 아무것도 방해받지 않는 완벽한 자연 속에서 말이다.

'왜 슬픈 예감은 틀린 적이 없나.'

밤이 되자 바람은 완전 성이 났다. 제주 바람을 얕봤다. 바람 소리 때문에 잠을 못 이룰 정도라면 이 바람의 정체는? 이중 텐트가 서로 맞닿아 펄럭이고, 펄럭이고. 그 펄럭이는 소리에 폴대가 부러질 것 같은 위협을 느낀 우리 부부, "여보, 우리 이러다가 바다로 날아갈 수도 있겠어."

단단히 묶여 있는 텐트를 확인하고 결국 우리는 텐트에서 탈출(?), 그 다음 날 차 안에서 깼다. 우리와 함께 텐트를 쳤던 두 팀이 더 있었다. 아침에 일어나 보니 한 팀은 사라졌고, 한 팀은 차 안에서 발견됐다. 우리 세 팀은 모두 외지인이 틀림없을 것만 같은 예감.

"오는 날이 장날이라고. 우리가 바람이 특히 센 날로 잡은 걸 거야."

"암만 암만, 여보. 그럴 거야. 그러니 우리 나중에 또 오기다!"

아마도 비양도 야영은 우리 부부 캠핑사에 길이길이 남지 않을까 싶다. 고생이 많았던 캠핑이 오래도록 기억된다더니 아주 제대로 사서 고생이다.

1 좋은 풍경, 편안한 공기는 앵글이 먼저 알아본다. 사각 프레임에 무엇을 담아도 아름다운 사려니숲길의 자연. 2 풀, 꽃, 벌레 등에 관심 많은 내가 무언가를 발견하고 길가에 서서 기웃거리자 그 모습을 남편이 카메라에 담았다. 3 제2 야영장인 삼무 야영장에 살림 펼친 모습. 시골 분교를 개조한 곳으로 공항에서 가까워 캠핑 첫날이나 마지막 날에 야영하기 좋다. 장비는 없지만 캠핑하고 싶다면 글램핑도 가능하다. ★ 삼무 야영장 | 제주특별자치도 제주시 화천동 2307, 064-721-2135, www.jejufree.com

LAND & FOREST
[캠핑의 진수는 역시 힐링! '사려니숲길'에서 쉬다 왔죠]

SPEEDY INTERVIEW 6
땅굴마님, '사려니숲길'은 어때요? 갈 만한가요?

네! 사려니숲길은 '한국의 가장 아름다운 도로'로 선정될 만큼 유명한 곳이죠. 물찻오름을 거쳐 사려니오름까지 이어지는 약 15km 거리의 숲길을 말하는데, 올레길로도 유명하고 뚜벅이 여행객들의 필수 코스이기도 해요.
우리 부부는 숲길을 걷는 동안 아무 말 없이 손 꼭 잡고 편안히 걷기만 했어요. 그것이 숲이 주는 힐링이라고 생각해요. 이번 여행에서는 숲길을 완주하지 못했어요. 제주에 다시 간다면 꼭 한 번 더 가고 싶은 곳이에요. 그때는 숲속을 느릿느릿 걸어도 좋을 만큼 시간을 갖고 사슴도 보고, 출몰하는 온갖 벌레도 다 만날까 봐요.

MARKET & SEA FOOD
[장 보는 재미, 장 본 재료 삶아 먹는 즐거움까지 만땅!]

참새가 방앗간 그냥 못 지나간다고, 아무 일 없어도 재래시장을 돌아다니는 내가 제주의 재래시장을 놓칠 리가 있을까. 짐 줄이기 위해 쿨러를 집에 두고 가긴 했지만 현지에서 장 봐서 바로 조리해 먹는다는 생각에 들떴다. 제주시민속오일시장을 제주도 추천 여행지로 꼽는 이웃들의 권유를 받아들여 본격적으로 시장 탐방에 나섰다.

재래시장 구경 제대로 하려면 3시간은 족히 걸리니 서둘러 아이 쇼핑에 만족할 수밖에. 제주도에서 제일 큰 전통 시장답게 없는 게 없고, 실내인 데도 대장간에 강아지, 토끼, 오리까지 구경할 수 있다. 무엇보다 서울에서는 귀하디 귀한 제주산 해산물과 더덕, 고사리 등이 여기도 산더미, 저기도 산더미! 풀린 정신 줄 잡고, 메뉴에 근거한 오징어와 골뱅이, 모시조개 그리고 디저트용 귤과 서귀포산 애플망고를 양손에 가득 들고 룰루난나~ 캠핑장으로 고고씽!

셰프에겐 신선한 재료가 생명이니 방주할머니식당 서리태콩국수 한 그릇 후딱 먹고 서둘러서 시장을 떠난다. 제주산 해산물로 만든 골뱅이탕과 오징어떡볶이가 삼무 야영장의 스페셜 메뉴. 옥돔, 황돔, 갈치, 고등어, 자리돔, 뱅어돔 등 갖가지 말린 생선을 시장에 그냥 두고 온 것이 여전히 맘에 걸린다.

★ 제주시민속오일시장 | 제주특별자치도 제주시 도두1동 1212, 064-743-5985

1 오일장이므로 2일, 7일에만 개장하는데, 마침 날짜가 제대로 걸렸네.
2 제주에서만 맛볼 수 있는 마른 생선이 저리도 많은데 싸 짊어지고 오지 못해 얼마나 아쉽던지… 쩝!
3 두리번두리번… 득템하기 위해 부지런히 서성거리는 중이다. 재래시장에서 여기저기 신출귀몰하는 나를 놓치지 않기 위해 남편의 발길도 바쁘다 바빠.
4 라인이 수려한 샤브 냄비에서 끓고 있는 제주산 통골뱅이된장찌개. 한 냄비 끓여 반찬으로 먹고, 안주로도 먹는다.
5 삼무 야영장의 저녁 메뉴, 얼큰한 통오징어떡볶이. 건더기를 건져 먹은 후에는 햇반을 투하해 볶아 먹는다.
6 이른 아침 평화로운 캠핑 사이트의 주방 풍경은 제주에서도 변함없다.
7 다음 날 아점은 오리구이. 나의 주방은 언제나 분주하다. 음하하하하!

C A M P
C A M P
CAMPING
at 제주 삼무 야영장

[EPISODE 4]

2012. 10. 02 PM 14 : 00 | INTERVIEW PLAY

내 캠핑에 감성을 더해 준 고수 캠퍼, 쏘리 킴을 만나러 〈cafe cabin〉으로 가다

쏘리 킴이 추천하는 캠핑 음악
01 〈Nobody's Tone〉, Details, Wouter Hamel, 2009
02 〈Hi-D〉, Start, Depapepe, 2005
03 〈Lahaina〉, Over The Sea, Depapepe, 2008
04 〈Best of Kokua Festival〉 중 Better Together, Jack Johnson, 2012
05 〈In The Forest〉, Burt Bacharach, 2013

방보다는 텐트에서 자는 날이 더 많다는 사람이 있다. 한적한 캠핑을 좋아해서 백 패킹, 오토캠핑 등을 따지기보다 어디든, 조용히 쉴 수 있는 장소를 찾아다닌다는 사람. 그가 바로 고수 캠퍼인 '쏘리 킴'이다. 진짜 이름은 재성, 김재성이다. 아직 초보인 주제에 캠핑 관련 책을 내려니 아무래도 면이 서질 않았다. 그렇다면 고수에게 한 수 배워야지. 나는 배우는 걸 마다하지 않는 성격이니까! 그런 마음으로 작정하고 나선 길. 오늘은 그를 인터뷰할 참이었다. 그를 만나기 위해 그의 아지트인 〈cafe cabin〉을 찾았다. 카페 내 장비들을 비롯한 분위기 탓일까, 도심인데도 햇살 따뜻한 숲 속에 앉아 있는 것처럼 기분이 마냥 들뜬다. 창밖으로 은행나무 잎이 마구 흔들리는 풍경도 좋다. 수다는 내가 떨고, 촬영은 남편이 담당하는 걸로! 차 한 잔 앞에 두고 두서없이 물어보고, 내키는 대로 풀어가는 나의 질문에 진심으로 답해 준 쏘리 킴 님, 정말정말 감사합니다아!

쏘리킴이 추천하는 Camping Site · Camping Food

8년 캠핑 경력을 가진 그가 추천하는 좋아하는 캠핑장은 어디일까? 서슴없이 대답한 곳은 충주호 리조트에서 임도를 따라가다 보면 나오는 강변의 야영장을 꼽았다. 흔히 영화 〈박하사탕〉에 등장하는 철길이 보이는 강변으로, 캠핑장으로 구성된 곳이 아니어서 아는 사람만 아는 야영장이다.
사람 발길 뜸한 곳이니 오롯한 곳에서 조용히 쏟아지는 별빛을 감상하고 싶은 사람들이 텐트 치면 좋겠다. 그 다음은 충남 태안의 구례포 석갱이 오토캠핑장. 파도 소리를 들으며 잠들 수 있는 야영지로 꼽았다. 해안가 뒤쪽으로 펼쳐진 송림 그늘 아래 사이트를 구축하고, 그림 같은 해변을 바라보면서 야영을 즐길 수 있는 곳으로 가족 캠핑, 솔로 캠핑에 모두 적합하다. 한적한 몽산포 오토캠핑장을 떠올리면 이해가 빠를 듯하다. 가을 단풍이 한창일 때 캠핑을 나섰다면 방태산 자연휴양림이 좋다고 말한다.
그가 캠핑하며 즐긴다는 '캠핑 라면죽'은 어떤 맛일까? 시판 라면을 끓인 후 면은 건져 먹고, 남은 국물에 물 한 컵을 추가, 데우지 않은 '즉석밥'을 넣어 약불에서 뭉근하게 끓인 후 달걀, 김, 참기름을 넣으면 완성된다는데, 어쩐지 술자리 뒤끝에 잘 어울릴 것만 같다. 그다음은 '해물 파스타 수프'. 먼저 깊이가 있는 팬이나 냄비에 올리브 오일을 두르고, 저민 마늘을 볶아 향을 낸다. 바지락, 새우, 홍합 등 해물을 넣고 소금, 후춧가루로 간하여 볶다가 재료가 푹 잠길 정도의 물을 붓고 6~7분간 끓인 다음 마른 파스타 면을 넣고 5분 정도 더 끓이면 완성. 언제나 그렇듯 야영장에서는 뭐든 재료만 있으면 근사한 한 그릇 요리가 되나 보다.
마지막으로 그가 캠핑장에서 즐겨 듣는 음악이 궁금했다. 피아노, 기타 등 연주곡을 들으며 나설 다음 캠핑이 기대된다.

1 나의 로망, 미니 티피 텐트가 창가에 자리 잡고 있는 〈cafe cabin〉. 도심 속의 오두막 이미지를 그대로 담고 있다.
2 〈cafe cabin〉의 2층 전경. 어네이티브 플래그십 쇼룸에는 캠퍼들의 감성을 자극하는 내추럴 톤의 다양한 캠핑 장비들이 가득하다.
3 디자인과 컬러, 원목 소재에 즉각 반응하는 나는 어네이티브 오프라인 매장에만 오면 정신을 놓고 만다. 선반에 가지런히 정리된 장비들을 들었다 놨다, 하며 내 눈은 즐겁기만 하다.
4 '쏘리 킴' 김재성은 어네이티브 비주얼 디렉터다. 캠퍼들이 다 그러하듯 캠핑이 좋아 그 언저리에서 놀고, 일하고, 놀고, 세월을 쌓아가는 중이다. 선호하는 캠핑이 따로 없는 것은 어디든 한적한 곳이면 다 좋아서다.

"바깥 놀이에서 사용하는 장비는 문 안에 가져다 놓아도 조화로운 모양새로, 오래된 소파 옆이 제자리인 양 놓여 있어야 합니다. / 우리 일상의 배경은 어떤 날은 거리가, 어떤 날은 산이, 어떤 날은 바다가 될 수 있습니다. / 우리는 일상과 아웃도어를 가볍게 넘나들고자 하는 고집이 많은 이들의 마음을 움직였으면 합니다." – 어네이티브 생각, 띵굴마님 동감!

마지막 뒷담화!
끝

A. NATIVE & <cafe cabin>은 이런 곳

아웃도어 라이프스타일 브랜드 어네이티브(A. NATIVE), 그리고 어네이티브에서 만든 카페 브랜드 <cabin : 오두막>. 작은 카페 cabin은 말 그대로 깊은 산중에 있는 쉬어갈 곳을 의미하며 산을 찾는 사람들에게 따뜻한 음식이 되어주고, 편안한 잠자리를 만들어주며, 고된 몸을 기댈 수 있는 나무가 되어준다는 콘셉트로 마련한 곳이다. 1층은 카페, 2층은 어네이티브의 신제품을 가장 빨리 만날 수 있는 플래그십 쇼룸, 그리고 옥상에는 도심의 캠핑장으로 구성되어 있다. 오래된 B&O 빈티지 오디오에서 들리는 노래, 그리고 달콤한 향내음이 가득한 캐빈의 2층 쇼룸의 의류, 가구류, 소품들을 둘러보며 감성 캠핑을 계속해 보는 것도 좋겠다.
어네이티브 & <cafe cabin> | 용산구 한남동 793-6, 02-797-6782, www.a-native.com

띵굴마님! 마님의 캠핑은 계속되나요?

[EPILOGUE]

그렇게 살고 싶어서 떠나는 것 같습니다. 자연 곁에서, 큰 욕심 부리지 않고 순하게 살고 싶어서요. 힘 겨루고, 비교하고, 경계하면서 마음을 혹사하는 도시의 삶 대신 두런두런 자연과 숨결 나누고 정분 깊어지며 살고 싶은 거죠. 어찌 보면 인생이란 것도 캠핑과 다르지 않다, 싶어요. 좋아하는 곳을 찾아 잠시 떠나는 여행 같은 것. 산길, 물길, 사람의 마음 길 살피면서 두런두런 걷는 일. 그게 인생 같지 않나요?

앞 장에서도 고백했습니다만, 자연을 마음에 들일 줄 아는 사람으로 나이 들어가고 싶습니다. 흙냄새 묻히면서 살다 보면 사람 냄새 나는 모습으로 깊어갈 수 있겠죠. 그러다 마음 내키면 도시를 떠나 어디 오롯한 시골 마을에 정착할 수도 있을 것 같습니다. 이상하게도 살면서 점점, 자꾸만 자연이 좋아지거든요. 그래서 주말이면 그리도 열심히 캠핑장을 찾아 떠나는 것이겠지요.

하하호호, 깔깔깔, 계집애 수다 떨 듯이 책 한 권을 다 꾸리고 나니 너무 까불었나? 싶어서 살짝 민망한 마음입니다. 그래서 마지막 인사는 조금 진중하게 하고 떠나려구요. 살다 보니 어쩌다 이렇게 책을 줄줄이 내는 저자로 등극했습니다만, 저는 여전히 그저 살림에 미쳐 있는 보통 아줌마일 뿐입니다. 그저 지금처럼 이렇게 사는 게 참 좋습니다. 좋아서 살다 보니 이런 행운도 따라준 모양입니다. 두루두루 감사할 따름입니다. 모두에게, 특히 이 책을 업어가 주신 당신에게.

사실 저자라고는 하지만 무늬만 저자인 것도 같습니다. 기획력 좋은 분들이 번듯한 밥상 마련해 주면 머리끈 묶고 낑낑대면서 어설픈 글 써서 초벌구이만 하죠. 그러면 또 기획팀에서 그 못난이 글 가져다가

그럼요! 인생이란 캠핑과 같은 걸요, 뭐!

매만져서 곱게 완성해 주십니다. 번번이 참, 고맙고 송구한 일입니다. 이젠 가족처럼 끈끈해진 〈에프북〉의 모든 식구들, 왕언니 김수경 옹을 비롯해 김연 팀장, 박혜숙 에디터, 저를 발굴해 주신 배수은 에디터 그리고 최윤정 에디터 님! 정말 성은이 망극하옵니다.

그리고 친정아버지 같은 김우연, 계명훈 두 대표님. 〈포북〉이라는 출판사를 만나서 저는 마냥 호강입니다. 행복하게 해주셔서 감사합니다. 흙처럼, 물처럼 존재감만으로도 힘을 주시는 충주의 두 분 시부모님도 은혜롭습니다. 참! 내 짝지, 내 남편, 사실남 양승봉 씨! 당신은 말 안 해도 내 마음 다 알지?

마지막으로 저를 응원해 주시는 독자 여러분, 제 블로그에 출근 도장 찍어주시는 이웃 여러분. 잊지 않겠습니다. 제 마음에 별 뿌려주시고, 꽃비 내려주셔서 제가 늘 힘이 납니다.

연말 연예대상 시상식 같은 분위기로 책을 마감한다고 눈총 주지는 않으시겠죠? 이 모든 분들 덕분에 살림이 좋고, 살림살이가 좋고, 캠핑이 좋은 여자가 되었으니까요. 다음에는 또 뭐가 좋다고 외치면서 뛰쳐나오게 될까요? 하여간 저는 천방지축이라 앞으로의 일은 며느리도 모르겠습니다. 그러니 긴 말 접고 이만 돌아가겠습니다.

부디 제가 느끼고 마음에 담았던 캠핑의 기쁨들을 당신도 하나씩 공유할 수 있게 되기를 바라면서… 저의 절친이자 참 좋은 사람, 최경애 쌤이 그려준 그림 한 장 남기겠습니다.

언젠가, 기회가 되면 캠핑장에서 다 같이 뭉치시죠, 뭐!

캠핑이라면 사족을 못 쓰는 띵굴마님, 이혜선의 끝인사

그녀와 그는 이런 즐거움을 팔년째 즐기고 있다. 축하하며 함께할 수 있는 이 자리 고맙고 행복하다. 배부름도 웃을 수 있는 시간도 내게 주어진 '백수'의 덕이다. 그러니 나는 지금 이 시간에 감사한다.

이천십이년 아월 아니다 삼월하고일일 쥐선생 잡생각

띵굴마님은
캠핑이 좋아

초판 1쇄 발행 2013년 10월 10일
초판 2쇄 발행 2013년 10월 20일

글·사진 | 이혜선
펴낸이 | 김우연, 계명훈
기획·진행 | fbook
  김수경, 김연, 배수은, 박혜숙, 김진경, 최윤정
마케팅 | 함송이, 강소연
디자인 | design group ALL(02-776-9862)
어시스트 | 박현정, 노정인, 손수연, 이태현, 황주희, 백은우
  정진호, 위지은, 박지연, 지유진(용인송담대 시각디자인과 캡스톤디자인 참여)
사진 | 한정수(etc. studio 02-3442-1907)
교정 | 김혜정
인쇄 | 다라니인쇄
펴낸 곳 | for book 서울시 마포구 공덕동 105-219 정화빌딩 3층
  02-753-2700(판매) 02-335-3012(편집)
출판 등록 | 2005년 8월 5일 제 2-4209호

값 10,000원
ISBN 978-89-93418-69-9   13690

본 저작물은 for book에서 저작권자와의 계약에 따라 발행한 것이므로
본사의 허락 없이는 어떠한 형태나 수단으로도 이 책의 내용을 사용할 수 없습니다.

※ 잘못된 책은 바꾸어 드립니다.